首都圏版㉛

最新入試に対応！ 家庭学習に最適の問題集!!



# 東京学芸大学附属 竹早小学校

2024 年度版

# 過去問題集

## 合格までのステップ

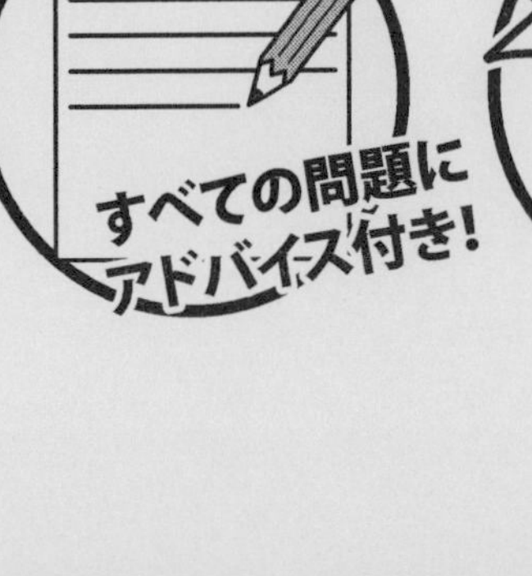

2017 ～ 2023 年度
過去問題を掲載

日本学習図書 ニチガク

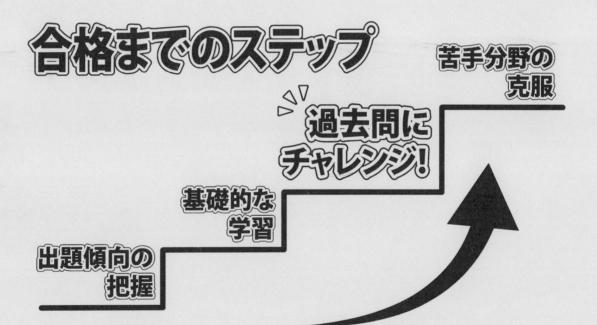

目指せ！合格！

# 家庭学習ガイド
# 東京学芸大学附属竹早小学校

行動観察　運動　保護者面接　志願者面接　親子活動

## 入試情報

募集人数：男子約 20 名、女子約 20 名
応募者数：男子 1,392 名、女子 1,252 名
出題形態：ノンペーパー
面　　接：志願者・保護者面接
出題領域：行動観察（集団遊び）、運動、面接、親子活動（ゲームなど）

## 入試対策

当校の入試はノンペーパーで、例年、行動観察や親子活動などの内容を中心として実施されています。2023 年度入試は、運動、行動観察（集団遊び）、面接、親子活動が約 1 時間にわたって行われました。親子活動の内容は特別難しいものではありません。日頃のご家庭の様子や、お子さまの姿勢などを観ようとする内容です。過去の問題を練習して当日に臨みましょう。

- 行動観察は、男女別に約 15 人単位で実施されました。その中から、4、5人ずつグループになり、集団遊びの課題に取り組みます。人数が少ない分、1人ひとりの行動がじっくり観察されており、落ち着いて振る舞う必要があります。

- 親子活動は、面接の後に実施されます。これは、お子さまの能力を測るためのものではなく、親子間のコミュニケーションを観点としたものです。保護者の方は、一方的な物言い（命令）にならないように、普段からお子さまと「会話」をするようにしてください。

# 「東京学芸大学附属竹早小学校」について

## ＜合格のためのアドバイス＞

当校は、東京学芸大学に４校ある附属小学校の１つで、同大学附属竹早園舎（幼稚園）、竹早中学校との連携による一貫教育を推進しています。幼稚園から中学校までの11年間の成長過程を、学年ごとに４つのステージ、および８つのステップに区切り、連携したカリキュラムに基づいて指導を行っています。また、子どもの主体性を引き出す教育のあり方について研究を重ね、主体的に学び続ける人間の育成に取り組んでいます。

2023年度の入試は、前年と同様に行動観察、運動、面接、親子活動といった内容で行われました。「第２次選抜では国立小学校特有の教育研究によるマイナスの影響を乗り越えられる資質を観ている」と学校案内にある通り、待ち時間なども含め、試験全体を通して志願者の行動が観察されています。さらに、当校の試験は行動観察が中心で、お子さまが遊びの延長と捉えてしまいがちな内容が特徴です。このような試験では、お子さまの日常生活における普段の姿がかえって出やすく、「試験のときはこうすればよい」といったその場限りの対策では不十分です。あいさつや言葉遣い、生活態度、自分の身の回りのことは自分でする力、礼儀や思いやりなどについて、お子さまの日常生活の中で習慣化していくとともに、指導にあたっては、まず保護者の方がお子さまにお手本を示すことを意識してください。積極的にお友だちと遊ぶ機会を作り、協調性や社会性を育むことを意識した生活を送ることも大切です。このようにして、ご家庭でのしつけや生活、お友だちとの遊びや外部の大人との接触を通して培われた社会性が、合否を大きく左右します。

当校の入試の大きな特徴である、親子活動では、普段親子でどのような会話をし、どのように過ごしているかを観ようとしています。保護者の方は、お子さまのことを把握するために、お子さまと積極的に会話してください。

なお、当校志願者の保護者の方には、当校の教育姿勢および教育実施研究校としての役割に対する理解が強く求められています。学校案内を読み込むことや、説明会には必ず参加するなどし、当校の特殊性についてよく理解してください。

### 〈2023年度選考〉

●行動観察
・集団遊び（しりとり、積み木遊びなど）

●運動
・平均台、ケンケンパ、体操など

●親子面接
・保護者と志願者は別々に実施

●親子活動
・ゲーム、お話作りなど

**◇過去の応募状況**

2023年度 男1,392名 女1,252名
2022年度 男1,393名 女1,272名
2021年度 男1,396名 女1,382名

# 東京学芸大学附属竹早小学校
# 過去問題集

## 〈はじめに〉

現在、少子化が叫ばれているにもかかわらず、私立・国立小学校の入学試験には一定の応募者があります。入試は、ただやみくもに学習するだけでは成果を得ることはできません。志望校の過去における出題傾向を研究・把握した上で、練習を進めていくこと、試験までに志願者の不得意分野を克服していくことが必須条件です。そこで、本問題集は小学校を受験される方々に、志望校の出題傾向をより詳しく知って頂くために、出題頻度の高い問題を結集いたしました。最新のデータを含む精選された過去問題集で実力をお付けください。

また、志望校の選択には弊社発行の「**2024年度版　首都圏・東日本　国立・私立小学校　進学のてびき**」をぜひ参考になさってください。

## 〈本書ご使用方法〉

◆出題者は出題前に一度問題を通読し、出題内容などを把握した上で、**〈 準 備 〉**の欄に表記してあるものを用意してから始めてください。
◆お子さまに絵の頁を渡し、出題者が問題文を読む形式で出題してください。問題を読んだ後で、絵の頁を渡す問題もありますのでご注意ください。
◆**「分野」**は、問題の分野を表しています。弊社の問題集の分野に対応していますので、復習の際の目安にお役立てください。
◆一部の描画や工作、常識等の問題については、解答が省略されているものがあります。お子さまの答えが成り立つか、出題者が各自でご判断ください。
◆**〈 時 間 〉**につきましては、目安とお考えください。
◆本文右端の**［〇年度］**は、問題の出題年度です。**［2023年度］**は、「2022年の秋に行われた2023年度入学志望者向けの考査で出題された問題」になります。
◆**学習のポイント**は、指導の際にご参考にしてください。
◆**【おすすめ問題集】**は各問題の基礎力養成や実力アップにご使用ください。

## 〈本書ご使用にあたっての注意点〉

◆文中に**この問題の絵は縦に使用してください。**と記載してある問題の絵は縦にしてお使いください。
◆**〈 準 備 〉**の欄で、クレヨン・クーピーペンと表記してある場合は12色程度のものを、画用紙と表記してある場合は白い画用紙をご用意ください。
◆文中に**この問題の絵はありません。**と記載してある問題には絵の頁がありませんので、ご注意ください。なお、問題の絵の右上にある番号が連番でなくても、中央下の頁番号が連番の場合は落丁ではありません。
下記一覧表の●が付いている問題は絵がありません。

| | | | | | | | | | |
|---|---|---|---|---|---|---|---|---|---|
| 問題1 | 問題2 | 問題3 | 問題4 | 問題5 | 問題6 | 問題7 | 問題8 | 問題9 | 問題10 |
| ● | ● | ● | ● | | ● | ● | ● | ● | ● |
| 問題11 | 問題12 | 問題13 | 問題14 | 問題15 | 問題16 | 問題17 | 問題18 | 問題19 | 問題20 |
| | ● | ● | ● | ● | | | ● | ● | ● |
| 問題21 | 問題22 | 問題23 | 問題24 | 問題25 | 問題26 | 問題27 | 問題28 | 問題29 | 問題30 |
| | ● | ● | ● | ● | | | | ● | |
| 問題31 | 問題32 | 問題33 | 問題34 | 問題35 | 問題36 | 問題37 | 問題38 | | |
| | ● | ● | | | ● | ● | | | |

# (得) 先輩ママたちの声！

◆実際に受験をされた方からのアドバイスです。
ぜひ参考にしてください。

## 東京学芸大学附属竹早小学校

・行動観察では主体性や、コミュニケーション力、積極性が観られていると感じました。

・子どもの試験中に15分程度でアンケートを書きました。子どもとの約束事について、約束が守れなかったときの対応など、幼児教室で聞いていた内容とは全く異なり、少し戸惑いました。

・他の受験者と仲良くできる子が合格していたようです。ニコニコ楽しく取り組めているかを観られているように感じました。

・試験終了後、子どもが「すごく楽しかった！」と言いながら帰って来たのが印象的でした。先生方も、自分が教えたい子を選んでいるように思いました。

・面接に参加していたのはほとんどが母親でしたが、父親が参加している家庭もちらほら見かけました。

・行動観察では、どんな子と同じグループになるかの運も重要だと思いました。息子のグループでは、息子以外の子は一言も話さず、話しかけても下を向いていたそうです。

・日頃の過ごし方が重要だと思います。自主性や協調性は一朝一夕には身につかないものなので、コツコツ指導すべきです。

・待ち時間に読書や折り紙をしている子どもが多かったです。

◎学習効果を上げるため、前掲の「家庭学習ガイド」及び「合格のためのアドバイス」をお読みになり、各校が実施する入試の出題傾向を、よく把握した上で問題に取り組んでください。
※冒頭の「本書のご使用方法」「ご使用にあたっての注意点」も併せてご覧ください。

## 2023年度の最新入試問題

### 問題1　分野：運動

〈準備〉　平均台、テープ、ビブス

〈問題〉　この問題の絵はありません。
これから私（出題者）がする動きをよく見て、真似をしてください。
①平均台を渡ってください。
②床にテープが貼ってあるので、その通りにケンケンパをしてください。
③音楽に合わせてラジオ体操をしてください。
④ビブスを着てください。
⑤ビブスは椅子に掛けて置いてください。

〈時間〉　適宜

〈解答〉　省略

### 学習のポイント

運動の課題は例年通りの内容でした。どれも複雑なものではありませんので、指示通り実行できるようにしましょう。この際、周りのお友だちの様子を伺いながらするのはよくありません。集中力がない、指示が聞けていないと判断されかねませんから、まずは指示を集中して聞き、理解するようにしましょう。④のビブスを着脱する課題も例年出題されているものです。課題終了後、ビブスは椅子にかけておくよう指示があったそうです。「畳まずに返却してください」との指示があった年もありました。指示にはないため、畳むか否かで悩むかもしれませんが、やはり畳む方が無難でしょう。「畳む技術があるか」ではなく、「畳む習慣があるか」が大切です。時間をかけてきっちり畳む必要はありませんが、回収する人が気持ちよく受け取れるような気配りが自然とできるとよいでしょう。

【おすすめ問題集】
新 運動テスト問題集、口頭試問最強マニュアル ペーパーレス編、
Ｊｒ・ウォッチャー28「運動」、29「行動観察」

## 問題2　分野：行動観察

〈準 備〉　四角柱、円錐、円柱などさまざまな形の積み木、動物の形をしたスポンジ

〈問 題〉　**この問題の絵はありません。**
(この問題は1グループ4、5人で行う)
①いろいろな形の積み木を使って、街を作ってください。
②1人ずつ順番に、動物のスポンジをできるだけ高く積み上げましょう。倒れたら、最初からやり直してください。

〈時 間〉　適宜

〈解 答〉　省略

### 学習のポイント

例年実施されている、道具を使った行動観察の課題です。指示通りできているか、お友だちとコミュニケーションはとれているか、一生懸命取り組んでいるか、楽しんでできているかなどが観られます。①ではいろいろな形の積み木を使って制作をします。グループ活動ですから、1人で好きなように作るのではなく、お友だちと相談しながら、使う積み木や配置を工夫して取り組みましょう。また、道具の扱いにも注意しましょう。投げたり、使わない積み木をほったらかしにしておくのは危険です。作業に熱中しすぎて、そのようなことが疎かにならないようにしましましょう。②では、積み上げるときに失敗してしまう子が出てくるでしょう。そのような場面では、どのような対応を取るべきか、ご家庭で話し合ってみましょう。もし、自分が崩してしまったら、お友だちにどのような声かけをされたら嬉しいかを考えると、取るべき対応は自然とわかると思います。集団の行動観察では、コミュニケーション力は特に必要ですから、普段から、初めて会うお友だちと遊ぶなどし、協調性や積極性を育む機会を設けるようにしましょう。

【おすすめ問題集】
口頭試問最強マニュアル　ペーパーレス編、Ｊｒ・ウォッチャー29「行動観察」

## 問題3　分野：行動観察

〈準 備〉　なし

〈問 題〉　**この問題の絵はありません。**
(この問題は1グループ4、5人で行う)
丸い形のもののお名前を、1人ずつ順番に言っていってください。私(出題者)が「やめ」と言うまで続けてください。

〈時 間〉　適宜

〈解 答〉　省略

## 学習のポイント

本問では、年相応の語彙があるかを観ているのはもちろん、初めて会うお友だちと楽しく交流できているかも重要になります。語彙については、普段からの読み聞かせや生活体験を通して自然と身に付いていくものです。語彙をインプットするだけでなく、アウトプットすることも、語彙の定着には重要ですから、お子さまが話す機会をたくさん用意してあげましょう。お友だちとの交流に関しては、当日にならないと、どのような性格の子と同じグループになるかわかりません。ですから、いろいろな性格の子がいることを理解し、誰とでも楽しく交流ができるよう、普段から複数人で遊ぶことに慣れておくとよいでしょう。また、丸い形のものの名前が思いつかず困っているお友だちがいたら、同じグループの一員として助けてあげましょう。ただ、答えを教えてあげると、その子の出番を奪ってしまうことになりますから、ヒントを言ったり、「大丈夫だよ」「ゆっくり落ち着いて」などの声かけができると、よい雰囲気で課題を続行できます。

【おすすめ問題集】
口頭試問最強マニュアル ペーパーレス編、
Ｊｒ・ウォッチャー18「いろいろな言葉」、29「行動観察」、60「言葉の音(おん)」

## 問題4　分野：面接

〈準 備〉 なし

〈問 題〉 この問題の絵はありません。

【事前アンケート】
・お子さまとの約束事を３つ教えてください。
・約束を守れなかったときはどのように対応しますか。
・お子さまの苦手な食べ物を３つ教えてください。
・苦手な食べ物が食べられるように工夫していることはありますか。
・家では、お子さまと何をして一緒に遊んでいますか。
・遊んでいるとき、突然帰ることになったら、お子さまはすぐに行動できますか。そのときどのように誘導されますか。

【志願者へ】
・お名前を教えてください。
・今日は誰と一緒に来ましたか。
・今頑張っていることは何ですか。
・保護者の方と何をして遊ぶのが好きですか。

【保護者へ】
・実際に、お子さまが約束を守れなかった出来事はありますか。そのときはどのように対応しましたか。その対応の狙いは何ですか。
・お子さまの苦手な食べ物が給食に出たら大丈夫ですか。お子さまが「苦手な食べ物が出るから学校に行きたくない」と言ったときはどのように対応しますか。

(面接を終えたら、パーテーションで区切られた反対側のスペースに移動し、親子活動を始める)

〈時 間〉 適宜

〈解 答〉 省略

### 学習のポイント

事前アンケートは、お子さまが試験を受けている間にＢ５用紙に記入する形式でした。当日渡されるものなので、下書きを書いたり、回答内容をじっくり考えたりする時間はありません。また、アンケートの内容をもとに面接が行なわれますから、記入しながら、どのように話すかも考えておきましょう。今年度の保護者の方への質問は、「お子さまがよくない言動をとったときの対応について」です。普段から、お子さまがよいこと・よくないことをしたときはどのような対応をしていますか。特に、よくないことをしたときの対応は難しいですが、頭ごなしに叱ったり、「○○しなさい」「○○してはダメ」と指示をするのは、お子さまのやる気や考える機会を奪ってしまうことになります。よくないことだと伝えつつ、お子さまの気持ちに寄り添い、物事について考えさせる子育てを普段から心がけましょう。また、保護者の方は、お子さまの最も身近なお手本として、模範的な振る舞いをすることを常に意識しておきましょう。

【おすすめ問題集】
新・小学校面接Ｑ＆Ａ、家庭で行う面接テスト問題集、
保護者のための面接最強マニュアル

## 問題５　分野：親子活動

〈準　備〉　なし

〈問　題〉　(問題５のカードを切り取って使用してください)
①この中から好きなカードを使って、お話を作ってください。作れたら、私(面接官)にお話を説明してください。
②(面接を終えた保護者が合流後)作ったお話を、保護者の方に説明してください。終わったら、先程使わなかったカードを使って、お話の続きを一緒に作ってください。
③お話の順番に並んだカードを全てテープでとめてください。できたら、もう１人の先生(面接官)にお話の説明をしてください。

〈時　間〉　５分程度

〈解　答〉　省略

### 学習のポイント

今年度の親子活動の課題では、例年に比べ、お子さまが説明する機会が増えました。例年は①②までで課題は終了していましたが、③が新たに加わったことで、お子さまのコミュニケーション力がより重視されていることが窺えます。面接官の先生と保護者の方とでは、説明をする際の言葉遣いが異なることを心得ておきましょう。その他に、本問では、お話作りを通して親子の関係性も観察しています。お子さまがのびのびと取り組めているか、困ったときは保護者の方へ相談ができるか、保護者の方は干渉し過ぎず、放置し過ぎない、適度な距離感でお子さまを見守れているか、親子ともニコニコ楽しく過ごせているかなどが評価のポイントになります。言葉遣いや、ストーリーのあるお話を作ることも大切ですが、自然体の雰囲気で課題に臨めるようにしましょう。

【おすすめ問題集】
新 口頭試問・個別テスト問題集、口頭試問最強マニュアル ペーパーレス編・生活体験編、Ｊｒ・ウォッチャー12「日常生活」、21「お話作り」、29「行動観察」

## 2022年度以前の入試問題

### 問題6　分野：行動観察

〈準備〉　なし

〈問題〉　この問題の絵はありません。
（この問題は１グループ６名で行う）
今から、私（出題者）が最初の言葉を言うので、それに続けて、グループのみんなで順番にしりとりをしてください。

〈時間〉　適宜

〈解答〉　省略

［2022年度出題］

**学習のポイント**

当校の行動観察では、まず数人のグループに分かれ、指示されたゲームをします。本問では、年相応の語彙が習得できていることの他に、協調性、積極性、集中力などが観られています。語彙については、日頃の読み聞かせや生活体験を通して学んでいきましょう。難しい言葉を知っているほど評価が高くなるわけではなく、あくまでも、日常生活で自然に言葉を習得していくことが大切です。語彙の他に、グループ活動でのお子さまの様子もポイントになります。同じグループに、しりとりにつまってしまったお友だちがいたらどうしますか。急かしたり、答えを言ったり、逆に何もしないといった態度をとってはいませんか。自分が相手の立場だったら、どうされたら嬉しいかを考えて、それが自然と行動に移せることが望ましいです。

【おすすめ問題集】
口頭試問最強マニュアル　ペーパーレス編、Ｊｒ・ウォッチャー29「行動観察」、49「しりとり」、60「言葉の音（おん）」

### 問題7　分野：行動観察

〈準備〉　スプーン、宝石に見立てたビーズ、パターンブロック（１つは目と舌をつけて、ヘビの頭にしておく）

〈問題〉　この問題の絵はありません。
（この問題は１グループ６名で行う）
・今から宝石渡しをします。最初の人は、机の中央にある宝石箱からスプーンで宝石をすくい出し、隣の子のスプーンに載せてください。最後の人は、机の中央にある空の箱に宝石を入れてください。宝石は手で触らないようにしてください。宝石が落ちたときは、先生が拾って落とした子のスプーンに載せます。合図があるまで続けてください。
・机の中央にヘビの頭があります。グループで協力し、１人１個ずつブロックを繋げて、ヘビの体を作ります。できるだけ長く繋げましょう。合図があるまで続けてください。

〈時間〉　適宜

〈解答〉　省略

［2022年度出題］

## 学習のポイント

道具を使った男子の行動観察の課題です。しりとりの課題とは異なり、ルールが細かく決められていますから、集中して説明を聞き、理解しましょう。同じグループでルールを理解できていないお友だちがいたときは、優しく教えてあげましょう。そうすると、ゲームが円滑に進むだけでなく、お友だちも楽しく遊ぶことができます。このような気配りが、試験対策としてではなく、日常生活で人とコミュニケーションをとっていく過程で自然と身に付けられるように保護者の方は指導してください。当校の入試では、打算的な気配りではなく、相手の気持ちを考えた上での気配りができる子が求められています。作業中にミスをしてしまったときの振る舞いも大切です。お友だちが何かミスをしまったときは、どういう声かけをしてあげるとよいか、保護者の方と一緒に話し合ってみましょう。逆に、自分がミスをしたときの対応についても考えてみましょう。

【おすすめ問題集】
口頭試問最強マニュアル ペーパーレス編、Ｊｒ・ウォッチャー29「行動観察」

## 問題8　分野：行動観察

〈準 備〉　カッターマット、ボール、カプラ

〈問 題〉　この問題の絵はありません。
（この問題は１グループ６名で行う）
・１人１枚カッターマットを持ち、１列に並びます。カッターマットに載せたボールを、手で触れずに隣の子のカッターマットに載せます。ボールが落ちたら先生が拾って落とした子のカッターマットに載せます。合図があるまで続けてください。
・グループで協力し、カプラを１人ずつ順番に机の中央に積み上げていきます。できるだけ高く積みましょう。崩れたらやり直してください。合図があるまで続けてください。

〈時 間〉　適宜

〈解 答〉　省略

［2022年度出題］

## 学習のポイント

道具を使った女子の行動観察の課題です。１問目のボール運びの課題は、ボール落とさないようコツを掴んだり、工夫をする必要があります。もし、同じグループに何回もボールを落としてしまうお友だちがいたらどうしますか。そのお友だちは上手くできないことに焦ったり、悲しい気持ちになっているかもしれません。そのとき、どのように接してあげると、お友だちは嬉しいかを想像し、行動できるようにしましょう。ポジティブな声かけや、どうすれば上手くできるかを教えてあげるとよいでしょう。２問目のカプラ積みにも同様のことが言えます。「グループ全員が楽しい気持ちで臨めるには何をすべきか」を常に考え、実行できるようにしましょう。

【おすすめ問題集】
口頭試問最強マニュアル ペーパーレス編、Ｊｒ・ウォッチャー29「行動観察」

## 問題9　分野：運動

〈準備〉　平均台、テープ

〈問題〉　**この問題の絵はありません。**

これから私（出題者）がする動きをよく見て、真似をしてください。

①平均台を渡ってください。

②床にテープが貼ってあるので、その通りにケンケンパをしてください。

③音楽に合わせて模倣体操をします。

・ひざの屈伸

・その場でケンケン

・胸の前で右肘を曲げ、左膝を上げて右肘とつける→気をつけ（この動きを左右交互に繰り返す）

〈時間〉　適宜

〈解答〉　省略

［2022年度出題］

### 学習のポイント

平均台を使った運動や、ケンケンパ、簡単な体操は、例年出題されている課題です。どれも難易度は高くありませんから、運動能力面での差はほとんどつきません。当校がこのような課題を出す意図として、年相応の運動能力の有無を観る他に、指示を聞き理解できているか、一生懸命取り組んでいるかなどがあります。例えば、平均台から落ちてしまったり、模倣体操でバランスを崩してしまったとき、お子さまは気持ちの切り替えができますか。ミスをしたからといって、落ち込んだり、不貞腐れるのはよくないです。ネガティブでいると、自分も周りも暗い気持ちになりますし、残りの課題にも影響します。ミスは引きずらず、気持ちを切り替えて次の課題に臨めるように、保護者の方は、お子さまの心も持ちようも指導してください。

【おすすめ問題集】

新 運動テスト問題集、Ｊｒ・ウォッチャー28「運動」、29「行動観察」

**家庭学習のコツ①**　**「先輩ママのアドバイス」を読みましょう！**

本書冒頭の「先輩ママのアドバイス」には、実際に試験を経験された方の貴重なお話が掲載されています。対策学習への取り組み方だけでなく、試験場の雰囲気や会場での過ごし方、お子さまの健康管理、家庭学習の方法など、さまざまなことがらについてのアドバイスもあります。先輩ママの体験談、アドバイスに学び、ステップアップを図りましょう！

## 問題10　分野：面接

〈準　備〉　なし

〈問　題〉　**この問題の絵はありません。**

【事前アンケート】
・お子さまが自ら進んで取り組んでいることは何ですか。
・お子さまが保護者の方に促されて取り組んでいることは何ですか。
・お子さまが自ら進んで行うお手伝いは何ですか。
・お子さまが保護者の方に促されて行うお手伝い何ですか。

【志願者へ】
・お名前を教えてください。
・今日は誰とどうやって来ましたか。
・好きな遊びは何ですか。
・お母さん（お父さん）とは何をして遊ぶのが好きですか。
・学校に入ったら何をして遊びたいですか。
・お休みの日のお出かけ先で、１番好きなところはどこですか。それはどうしてですか。

【保護者へ】
・お子さまが取り組んでいることに、保護者としてどのように関わっていますか。
・お子さまが何かに取り組むとき、どのような声かけをしますか。
・お子さまにお手伝いを促すとき、どのような声かけをしますか。
・お子さまがお手伝いをしたあと、どのような対応をしますか。

（面接を終えたら、パーテーションで区切られた反対側のスペースに移動し、親子活動を始める）

〈時　間〉　適宜

〈解　答〉　省略

［2022年度出題］

### 学習のポイント

2021年度入試以前は、当校の教育に関する質問がありましたが、2022年度は質問項目から外されました。このことから、普段のご家庭の様子や、親子の関係性を、より時間をかけて観たいという学校側の意図を汲むことができます。保護者の方への質問は、事前に記入したアンケートの内容を深掘りするものでした。普段から、お子さまの様子をしっかりと観察すること、親子のコミュニケーションを大切にすることを意識しておきましょう。試験のために模範的な回答を作る必要はなく、家族の時間を丁寧に過ごすことが、明るく健やかな関係性を築きます。お子さまへの質問は、例年と比べて特に変化は見られませんでした。遊びについての質問には、用意した回答ではなく、普段からたくさん経験をして、印象に残っているものを答えられるとよいでしょう。お子さまが、楽しい記憶や幸せな記憶について話すとき、目はキラキラと輝き、自然と明るい表情になります。受け答えの内容だけでなく、話しているときの表情や声、雰囲気なども観られていることを忘れないでください。

【おすすめ問題集】
新・小学校面接Ｑ＆Ａ、入試面接最強マニュアル

## 問題11　分野：親子活動

〈準　備〉　黒クレヨン

〈問　題〉　（問題11－1の絵を渡す）
①この問題は保護者の方と一緒にやります。上と下で、仲間同士の絵を線で結んでください。余るものがあっても構いません。（保護者の方が来たら）今の説明をしてあげてください。
（問題11－2の絵を渡す）
②この問題は保護者の方と一緒にやります。この絵に好きな絵を描き足してください。（保護者の方が来たら）描いた絵の説明をしてあげてください。説明が終わったら、一緒に新しい絵を描いてください。

〈時　間〉　5分程度

〈解　答〉　①下図参照　②省略

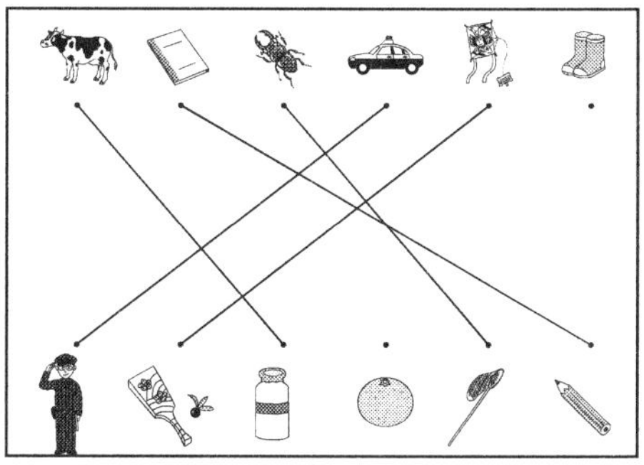

［2022年度出題］

### 学習のポイント

面接後の親子活動では、男子は①、女子は②の課題が出題されました。課題の流れは例年と変わらず、まず、面接を先に終えたお子さまが課題の説明を受けます。あとから合流する保護者の方には、お子さまが課題の説明をします。課題は複雑なものではないので、ルールの理解には苦戦しないと思います。ポイントとなるのは、お子さまが保護者の方に、課題の説明をするときです。普段とは違った言葉遣いで話すのではなく、いつも通りの自然なコミュニケーションがとれていればよいです。お子さまの説明でわからないことがあれば、質問をしてもよいですが、その際お子さまが「はい」「いいえ」で答える聞き方をするのではなく、「○○だよ」「○○をするんだよ」というように、お子さまが説明できるような聞き方をするようにしましょう。保護者の方がリードするのではなく、2人で一緒に協力して課題に臨むことが大切です。

【おすすめ問題集】
新 口頭試問・個別テスト問題集、口頭試問最強マニュアル ペーパーレス編・生活体験編、Ｊｒ・ウォッチャー11「いろいろな仲間」、12「日常生活」、29「行動観察」

## 問題12　分野：運動

〈準備〉　平均台、マット

〈問題〉　**この問題の絵はありません。**
（この問題は４、５人程度のグループで行う）
これから私（出題者）がする動きをよく見て真似をしてください。
①平均台を渡ってください。
②六角形のマスをケンケンパで進んでください。
③マットの上でしゃがみ、大の字になって寝てください。
④マットの上で動物（コアラ、ウサギなど）の真似をしてください。

〈時間〉　適宜

〈解答〉　省略

［2021年度出題］

### 学習のポイント

感染症対策のため多少の変更はあったようですが、全体的な入試の流れは変わらず、はじめに本問のような運動が実施されました。流れとしては、「教室の外で椅子に座って待つ」→「教室に入場する」→「５種類のビブスを各自で身に付ける」→「本問」という形です。年齢なりの動きができていれば問題ないので、できた・できないはあまり関係がありません。取り組む姿勢や指示を理解できているかが評価されます。また、課題に取り組む時間以外に、待ち時間も観られていることを意識しておきましょう。待っている時間の態度・姿勢も評価の対象です。つい気が緩んで、緊張感や集中力が切れ、私語やおふざけをするかもしれません。そのようなことがないよう、待ち時間の過ごし方についても、ご家庭で話し合っておきましょう。

【おすすめ問題集】
新 運動テスト問題集、Ｊｒ・ウォッチャー28「運動」、29「行動観察」

## 問題13　分野：行動観察

〈準備〉　お手玉（10個程度）、スプーン

〈問題〉　**この問題の絵はありません。**
（この問題は４、５人程度のグループで行う）
①お手玉をスプーンの上に載せ、隣のお友だちのスプーンに載せてください。
②お手玉をリレーして、最後の人は机の上にお手玉を載せてください。
③最後のお手玉を机に載せたら、できるだけ高くなるように積み重ねてください。

〈時間〉　適宜

〈解答〉　省略

［2021年度出題］

## 学習のポイント

行動観察の課題です。この課題は男子の課題で、女子はモールを輪にしたものをリレーするという課題だったようです。このような課題でチェックされているのは協調性です。もちろん、積極的に行動することや工夫することも大切ですが、それも協調性があった上でのことです。お子さまの協調性が乏しいと感じる場合は、できるだけ他の人とコミュニケーションを取る機会を設けるようにましょう。公園に行って、初めて会うお友だちと一緒に遊んだり、スーパーに買い物に行った際に、どこに陳列されているかわからない商品があればお店の人に尋ねるなど、会話をする経験が増えれば増えるほど、適切な話し方や気配りなどが自然と身に付いていきます。

【おすすめ問題集】
口頭試問最強マニュアル ペーパーレス編、Jr・ウォッチャー29「行動観察」

## 問題14　分野：行動観察

〈準 備〉　積み木

〈問 題〉　この問題の絵はありません。
積み木でお城を作ってください。

〈時 間〉　適宜

〈解 答〉　省略

［2021年度出題］

## 学習のポイント

行動観察の課題ですが、感染症対策で1人で行える「積み木」になっています。例年行われているグループの「自由遊び」は協調性が観点になっていますが、今回は言われたことを理解するということ、その通りに行動するということしかチェックされません。日頃から積み木に親しんでおけば少しはやりやすくなるかもしれませんが、そのための特別な練習は必要ないでしょう。過度に緊張をすることなく、落ち着いて臨めればそれでよい課題です。また、道具の使い方や片づけなどからも、日常生活を窺っています。作業だけに集中するのではなく、道具をほったらかしにしない、使ったものはすぐに片づけるなども意識しましょう。普段の遊びの中で、これらを保護者の方が指導することで、自然な習慣として身に付けさせることができます。

【おすすめ問題集】
口頭試問最強マニュアル ペーパーレス編、Jr・ウォッチャー29「行動観察」

## 問題15　分野：面接

〈準　備〉　なし

〈問　題〉　**この問題の絵はありません。**

【志願者へ】
・名前を教えてください。
・今日は誰と来ましたか。
・今何が欲しいですか。
・今どこへ行きたいですか。

【保護者へ】
・学校案内は読まれましたか。
・（志願者に「今何が欲しいか」と聞いた場合）
　お子さまが「～が欲しい」と思っていることはご存知でしたか。それはどうしてだと思われますか。
・（志願者に「今どこに行きたいか」と聞いた場合）
　お子さまが「～に行きたい」と思っていることはご存知でしたか。それはどうしてだと思われますか。

（面接を終えたら、パーテーションで区切られた反対側のスペースに移動し、親子活動を始める）

〈時　間〉　適宜

〈解　答〉　省略

［2021年度出題］

### 学習のポイント

親子活動の前に簡単な面接があります。質問は「学校案内を読みましたか」までは定番の質問で、ここ数年変わりません。その後は、お子さまに質問→その内容を踏まえて保護者への質問という形になります。今回は「お子さまが何が欲しいか（どこに行きたいか）」ということの理由を保護者の方に当てさせるという形になっています。目的はお子さまと保護者のコミュニケーションが取れているかということです。お子さまの性格や能力を探ろうということではないので、よほど常識外れの答えでなければ内容は気にしなくてよいでしょう。

【おすすめ問題集】
新・小学校面接Ｑ＆Ａ、入試面接最強マニュアル

## 問題16　分野：親子活動

〈準 備〉　鉛筆（赤・青各１本）

〈問 題〉　（机を挟んで対面する形で座り、机には問題16-1の絵と鉛筆を置いておく）
①じゃんけんをして、勝った人がマス目に○を書き込んでください。
②一列すべて同じ色の○が並んだ人が勝ちです。
③１枚目の絵（問題16-１の絵）でゲームが終わったら、その紙を机の横に置いて、２枚目の絵（問題16-２の絵）で同じようにじゃんけんをして、マス目に○を書き込んでください。

〈時 間〉　５分程度

〈解 答〉　省略

［2021年度出題］

### 学習のポイント

面接後に行われる男子の親子活動です。やってみるとわかりますが、特にコツがあるようなゲームではありません。相談するときにはお子さまがルールを理解しているかどうかの確認程度でよいでしょう。この課題も親子の間のコミュニケーションが自然に取れているかの確認のために行われていると考えられます。注意したいのは「～しなさい」と命令口調でお子さまを指導したりしないことです。試験の場面だと緊張してお子さまにアドバイスするというよりは指導してしまう保護者の方がいますが、普段からそうだと思われてしまうとよくありません。「どうしたらいい？」と逆にお子さまに質問するぐらいの姿勢の方がかえってコミュニケーションがよくとれている、冷静な保護者という印象を与えるでしょう。

【おすすめ問題集】
新 口頭試問・個別テスト問題集、口頭試問最強マニュアル ペーパーレス編・生活体験編、Ｊｒ・ウォッチャー29「行動観察」

## 問題17　分野：親子活動

〈準 備〉　なし

〈問 題〉　（問題17の絵を見せる）
「？」になっているところにはどんな絵が入ると思いますか。保護者の方と相談してから答えてください。

〈時 間〉　５分程度

〈解 答〉　省略

［2021年度出題］

## 学習のポイント

女子の親子活動は４コママンガの最後のコマを考えるという「お話作り」です。これも特に難しい課題ではなさそうですが、慣れていないとお話の続きといったものはなかなか思いつかないものですから、お話作りの練習はしておいた方がよさそうです。過去にも出題されたことがあります。この問題は絵を何枚か見て考える問題とは違い、それまでの流れが前の３コマで描かれているので、誰が考えても同じようなお話になるでしょうが、それで構いません。面白いお話を考える、というよりお話の流れを理解しているかどうかの問題と考えてください。

【おすすめ問題集】

新 口頭試問・個別テスト問題集、口頭試問最強マニュアル ペーパーレス編・生活体験編、Ｊｒ・ウォッチャー12「日常生活」、21「お話作り」、29「行動観察」

## 問題18　分野：行動観察

〈準　備〉　ビブス

〈問　題〉　**この問題の絵はありません。**

（ビブスの色ごとに５人１組のチームを作る）

①グループごとに輪になってください。

②先生に最初に指名された人は何でもよいので動物の名前を言ってください。

③その言葉の音の数だけ、輪になったまま回ってください。

④今度は最初に言った人の右隣の人が、何でもよいので動物の名前を言ってください。

⑤その言葉の音の数だけ、輪になったまま回ってください。

（④⑤を数回繰り返す）

〈時　間〉　適宜

〈解　答〉　省略

［2020年度出題］

## 学習のポイント

自由遊びとは別の行動観察の課題です。ここ数年は５人グループへの課題という形で行われています。内容はゲーム、共同制作などさまざまですが、観点は協調性の有無という点のみといってよいでしょう。指示は簡単なものが多く、ほとんどのお子さまは戸惑うようなものではありませんから、子どもらしく楽しめばそれでよいのです。では、悪い評価を得るのはどのような行動・姿勢なのでしょうか。仮に評価する立場になって想像すればわかると思いますが、①指示を理解できない、守らない　②消極的である　③他の志願者への配慮がない、といったあたりでしょう。競争の結果や制作物の出来などはどうでもよい、とは言いませんが、重要視されません。お子さまにアドバイスをするなら、そのあたりのことを踏まえてアドバイスをしてください。「頑張れ」ではなく、「普段通りにしなさい」でよいと思います。

【おすすめ問題集】

新 口頭試問・個別テスト問題集、口頭試問最強マニュアル ペーパーレス編、
Ｊｒ・ウォッチャー18「いろいろな言葉」、29「行動観察」

## 問題19　分野：行動観察

〈準備〉　ペットボトル、ゴムボール、平均台、積み木

〈問題〉　**この問題の絵はありません。**

（この課題は、20名程度のグループで行う。はじめに、在校生たちによる遊び方の説明がある）

・ボウリング…ペットボトルを10本立て、ゴムボールでボウリングをする
・ドンジャンケン…平均台を渡り、反対側から来た子と出会ったらジャンケンをする。負けた方は、平均台を降りて列に戻る。
・積み木…①積み木を使って「城」を作る。
　　　　②①よりは大きな積み木を使って「街」を作る。

ここにあるものを使ってお友だちと仲良く遊んでください。終わりの合図があったら、遊びをやめてください。

〈時間〉　適宜

〈解答〉　省略

［2020年度出題］

### 学習のポイント

自由遊びの課題です。例年、この課題を行う前には図書室で待機するのですが、以前はなかった、「静かに待機するように」との指示が、今回はあったようです。行動観察ですから、観点は指示の理解・実行と協調性ということになります。その意味ではこの待機の様子も確実に評価の対象になっているので、お子さまにも注意するように言っておきましょう。また、この自由遊びでの注意点は、他のお子さまへの配慮です。積極的なのはよいですが、そのせいで人の遊びを邪魔したり、自分ばかり遊んでしまうことがないようにしてください。中には自己主張が苦手というお子さまもいます。そういったお子さまの邪魔をしていると思われてはよい評価は得られません。

【おすすめ問題集】
新　口頭試問・個別テスト問題集、口頭試問最強マニュアル　ペーパーレス編、Ｊｒ・ウォッチャー29「行動観察」

**家庭学習のコツ②　「家庭学習ガイド」はママの味方！**

問題演習を始める前に、試験の概要をまとめた「家庭学習ガイド（本書カラーページに掲載）」を読みましょう。「家庭学習ガイド」には、応募者数や試験課目の詳細のほか、学習を進める上で重要な情報が掲載されています。それらの情報で入試の傾向をつかみ、学習の方針を立ててから、対策学習を始めてください。

## 問題20　分野：面接

〈準備〉　なし

〈問題〉　**この問題の絵はありません。**

【志願者へ】
・名前を教えてください。
・今日は誰と来ましたか。
・保護者の方と何をして遊ぶのが好きですか。
・電車・バス・飛行機に乗ったとき、どのようにすればよいと思いますか。
・お友だちと喧嘩したときはどうしますか。

【保護者へ】
・学校案内は読まれましたか。
・教育実習校についてどのように思いますか。
・国立小は研究校ですが、カリキュラムなどはお読みになりましたか。
・幼稚園でお子さまはどんなところをほめられますか。
・お子さまが好きなことは何ですか。

（面接を終えたら、パーテーションで区切られた反対側のスペースに移動し、親子活動を始める）

〈時間〉　適宜

〈解答〉　省略

［2020年度出題］

### 学習のポイント

面接の流れは①保護者と志願者が揃って教室へ入る　②パーテーションで区切ったそれぞれの席へ分かれ、親子が別々に面接を受ける　③親子活動へ向かう　という形になります。面接時間は３～５分と短く、それほど突っ込んだ内容の質問はありません。本年度の特徴としては、お子さまにマナーなど、常識についての質問があったことです。ただし、それほど難しい内容ではないので、特別な準備は必要ないでしょう。保護者の方への質問は、例年同様「国立小学校の教育への理解」と「お子さまに関すること」の２点についてです。こちらも特に準備は必要ありません。面接時間が短いので事実を端的に話せばよいでしょう。

【おすすめ問題集】
新 小学校受験の入試面接Ｑ＆Ａ、家庭で行う面接テスト問題集、
保護者のための面接最強マニュアル

## 問題21　分野：親子活動

〈準　備〉　なし

〈問　題〉　（問題21のカードを切り取って使用してください）
①（カードをテーブルに伏せて置き、志願者に）お父さん（お母さん）に見えないように好きな動物のカードを１枚選んで、私に見せてください。
②その動物の特徴を２つ言うか、真似をしてください。
③（保護者に）答えは何ですか。
※立場を入れ替えて、①～③をもう一度行う。

〈時　間〉　５分程度

〈解　答〉　省略

［2020年度出題］

### 学習のポイント

当校で出題される「親子活動」は、家庭環境・教育環境を親子の会話の様子から探ろうという趣旨です。具体的に言えば「会話のある家庭か」ということです。動物についての常識もあった方がよいでしょうが、それについてチェックしようということではありません。こうした課題で保護者の方が緊張するとお子さまにもそれが伝わるので、保護者の方は普段通りの接し方をしてください。面接でもそうですが、当校入試ではマナーがどうこうといったことはあまり言われません。親子でにこやかにテンポよくコミュニケーションできれば悪い評価にはならないでしょう。なお、答えがあっていれば「よくできました」という花の形のシールがもらえるそうです。お子さまのやる気を引きだそうという工夫かもしれません。

【おすすめ問題集】
新 口頭試問・個別テスト問題集、口頭試問最強マニュアル ペーパーレス編、
Ｊｒ・ウォッチャー18「いろいろな言葉」、29「行動観察」

## 問題22　分野：親子活動

〈準　備〉　折り紙、鉛筆、ペットボトル、ペットボトルのふた

〈問　題〉　この問題の絵はありません。
ここにあるものを使ってゲームをしてください。

〈時　間〉　５分程度

〈解　答〉　省略

［2021年度出題］

## 学習のポイント

女子の親子活動も、男子とほぼ同じ趣旨のものですが、自由度が高いのでかえって難しいかもしれません。正解というものはないので、親子でコミュニケーションをとってゲームを考えましょう。そのときの注意事項としては、保護者の方はできるだけ「聞き役」に回ることです。お子さまが萎縮しないように余程のことがなければ、お子さまの提案に意見したり、疑問を差し挟んだりしないにしましょう。ただし、お子さまの考えが行き詰まったり、解答時間内にアイデアが出ないようなら早めに助け舟を出してください。答えが出ないという結果も防ぐと同時に、コミュニケーションが取れている印象を与えることにもなります。

【おすすめ問題集】
新 口頭試問・個別テスト問題集、口頭試問最強マニュアル ペーパーレス編・生活体験編、Ｊｒ・ウォッチャー29「行動観察」

## 問題23　分野：行動観察

〈準　備〉　ビブス、フラフープ（４本）、スポンジボール（４色、各20個程度）

〈問　題〉　この問題は絵を参考にして下さい。
（ビブスの色ごとに５人１組のチームを作る）
これから、雪合戦をします。相手チームのフープの中に、ボールを投げて入れてください。「やめ」の合図があったときに、相手チームのフープにたくさんボールが入っていたチームが勝ちです。

〈時　間〉　適宜

〈解　答〉　省略

［2019年度出題］

## 学習のポイント

当校で例年出題されている行動観察では、５人程度の集団を作って活動をする課題があります。その内容は、チームを組んだお友だちと協力して１つの作業を行うものや、チーム対抗で競うものなどさまざまです。本年度は、男女ともにチーム対抗の雪合戦が行われました。ゲームを始める前に、５年生からルールの説明を受け、それから競技を開始するという流れで進められました。このような課題では、小学校進学に際して、年齢相応のコミュニケーションが取れるかどうかということが主に観られています。例えば、５年生の説明をしっかりと聞き取って理解できるか、初めて会うお友だちと仲良くできるか、チームの仲間と協力できるかといった点です。これらのことは、日常生活の中ではすでにできているかもしれませんが、試験会場という少し変わった場所でもできなければいけません。参加者全員が緊張してしまい、黙ったまま課題が進められるということを避けましょう。できるだけよい状態で課題に取り組むためにも、チームのメンバーに「頑張ろうね」など、きっかけとなる言葉をかけるとよいかもしれません。

【おすすめ問題集】
新 口頭試問・個別テスト問題集、口頭試問最強マニュアル ペーパーレス編、
Ｊｒ・ウォッチャー29「行動観察」

## 問題24　分野：行動観察

〈準 備〉　玉入れの玉、カゴ、平均台、段ボール箱で作った列車（２台）、
積み木（２セット）、おままごとの道具

〈問 題〉　**この問題の絵はありません。**
（この課題は、20名程度のグループで行う。はじめに、在校生たちによる遊び方の説明がある）

・玉入れ…カゴめがけてボールを投げ入れる。
・ドンジャンケン…平均台を渡り、反対側から来た子と出会ったらジャンケンをする。負けた方は、平均台を降りて列に戻る。
・電車遊び…段ボールの列車に乗って、駅まで進む。
・積み木…積み木を使って、自由に形を作る。
・おままごと…用意された道具で、自由におままごとをする。

ここにあるものを使ってお友だちと仲良く遊んでください。終わりの合図があったら、遊びをやめてください。

〈時 間〉　適宜

〈解 答〉　省略

［2019年度出題］

### 学習のポイント

例年行われている自由遊びの課題です。本課題の前には、在校生のお手本を見て、同じ動きをする模倣体操が行われました。また、模倣体操のあと、在校生がそれぞれの遊具の遊び方の説明をします。このように、当校の試験では、さまざまな場面で在校生（主に５年生）が協力してくれています。課題の内容やルールは、前年までとほぼ同様です。特定の遊びに人気が集中し、自分がやりたいと思った遊びができないかもしれません。つまり、遊びを選ぶ際の、他のお友だちとのやりとりも評価の対象となっているのです。だからといって、お子さまに譲り合いの姿勢を見せることを求めているわけではありません。大切なのはお友だちと仲良く遊べるかどうかということです。初めて会うお友だちであっても、「一緒に遊ぼうよ」と言えれば、その先はスムーズに遊べるものです。

【おすすめ問題集】
新 口頭試問・個別テスト問題集、口頭試問最強マニュアル ペーパーレス編、
Ｊｒ・ウォッチャー29「行動観察」

## 問題25　分野：面接

〈準 備〉　なし

〈問 題〉　**この問題の絵はありません。**

【志願者へ】
・名前を教えてください。
・今日は誰と来ましたか。
・保護者の方と、何をして遊ぶのが好きですか。
・この試験が終わって家に帰ったら、どんな遊びをしますか。
・今度の日曜日、どこへ行きたいですか。

【保護者へ】
・学校案内は読まれましたか。
・教育実習生が来ることは理解していますか。
・国立小は研究校ですが、カリキュラムなどはお読みになりましたか。
・家族で過ごす中で、楽しいことはどんなことだとお子さまは思っていますか。
・今度の日曜日、どこへ行きたいですか。

（面接を終えたら、パーテーションで区切られた反対側のスペースに移動し、親子活動を始める）

〈時 間〉　適宜

〈解 答〉　省略

［2019年度出題］

### 学習のポイント

当校の面接では、はじめに親子がそろって教室へ入り、入り口で志願者に質問（名前、誰と来たかといった内容）されます。その後、パーテーションで区切ったそれぞれの席へ分かれ、親子が別々に面接を受けます。志願者は簡単な質問を受けた後、親子活動の説明を受け、保護者の方は面接終了後に志願者と合流し、親子活動へと進みます。保護者の方への質問は、「国立小学校の教育への理解」と「お子さまに関すること」の２点を中心に進められ、回答を踏まえて詳しい質問をされることはありません。本年の質問で特徴的なのは、志願者と保護者の方の両方に同じ質問をしていることです。これも「お子さまに関すること」の質問の１つで、保護者の方が志願者の考え方や好みを、どの程度把握しているのかを観る質問と言えるでしょう。お子さまは日常生活の中でどんなことを思い、どんなことに興味を持っているのかなどは、あらかじめ把握しておいてください。

【おすすめ問題集】
新 小学校受験の入試面接Ｑ＆Ａ、家庭で行う面接テスト問題集、
保護者のための面接最強マニュアル

## 問題26　分野：親子活動

〈準 備〉　なし

〈問 題〉　(問題26の絵を切り取って使用してください)
・(志願者に)ここにある2枚の絵を使ってお話を作ってください。
・(親子に)では、親子で相談しながら、お話の続きを作ってください。

〈時 間〉　5分程度

〈解 答〉　省略

[2019年度出題]

### 学習のポイント

本年度の親子活動の課題は、男女ともにお話作りでした。この課題では、親子間で意思の疎通が充分にできているかを中心に、課題への積極性、お話の内容、お子さまの表情など、さまざまな点が観られています。席を離して面接を受けていた直後の課題ですので、親子が合流したときに、気持ちが緩んでしまわないように気を付けましょう。大まかな流れは、保護者面接が行われている間に、志願者が課題の説明を受けて先にお話を作ります。面接終了後に志願者が保護者の方に課題の説明をしてから、親子で続きのお話作りに取り組むというものです。本問のポイントは、志願者が保護者の方に課題内容を説明するところです。例えば、試験官の前で、どのような言葉遣いで保護者の方に話すのか、志願者の説明がよくわからなかったとき、保護者の方はどうするのかといったあたりは、あらかじめ親子で相談をしておくとよいでしょう。

【おすすめ問題集】
新 口頭試問・個別テスト問題集、口頭試問最強マニュアル ペーパーレス編・生活体験編、Jr・ウォッチャー12「日常生活」、21「お話作り」、29「行動観察」

## 問題27　分野：行動観察

〈準 備〉　ビブス、15～20cm程度の長さの筒（トイレットペーパーの芯など）10本程度、3m程度の長さの曲線を書いた紙を床に敷いておく。

〈問 題〉　この問題は絵を参考にして下さい。
(ビブスの色ごとに5人1組のグループに分かれる)
グループのお友だちと一緒に、床に書かれた線に沿って筒を並べてください。

〈時 間〉　適宜

〈解 答〉　省略

[2018年度出題]

## 学習のポイント

例年出題されている、集団で行う行動観察です。５人程度のグループに分かれ、そのグループごとに課題に取り組みます。これまでは積み木やスポンジブロックなどを積み重ねるという課題が多く出題されていましたが、本年度は棒を立てて並べるという課題でした。簡単に見える作業ですが、指示を聞き取り、理解できているか。初めて会うお友だちとコミュニケーションを取り、トラブルなく作業を進めることできるか。最後まで作業を行えるか。こういったポイントを意識して指導してください。指示の聞き取りは、日頃のお手伝いのときに、指示を復唱させるとよいでしょう。さらに、指示のあと、どのように作業を進めるつもりかも聞けば、指示の内容について考え、自分なりの理解を深めることに繋がります。また、コミュニケーションを取りながらの作業については、普段の生活の中で、お子さまがお友だちと遊んでいるときの行動を注意して見ておき、問題があれば正していくことを繰り返して身に付けていきましょう。

【おすすめ問題集】
新 口頭試問・個別テスト問題集、口頭試問最強マニュアル ペーパーレス編、
Ｊｒ・ウォッチャー29「行動観察」

## 問題28 分野：行動観察

〈準 備〉 段ボール、カゴ、カラーボール、Ｓ字フック、釣り竿、魚のおもちゃ、果物のおもちゃ

〈問 題〉 **この問題は絵を参考にしてください。**
（この問題は20人程度のグループで行う。初めに、上級生たちによる遊び方の説明がある）

・海賊船…ダンボールで作った海賊船に通した棒を２人で持ち、移動させる。
・カバにエサやり…ダンボールで作った大小２種類のカバの口の中に置かれたカゴに向かってボールを投げる。
・魚釣り …Ｓ字フックの付いた釣り竿で、魚のおもちゃを釣り上げる。
・おままごと…魚釣りで釣った魚を焼いて食べる。試験会場内に、果物（リンゴ、オレンジ）の木もあり、それになっている果物を採って、料理の材料に使ってもよい。

ここにあるものを使ってお友だちと仲良く遊んでください。ただし、１つの遊び道具で一緒に遊べるのは４人までです。私が「はい、終わりです」と言ったら、遊びをやめてください。

〈時 間〉 適宜

〈解 答〉 省略

[2018年度出題]

## 学習のポイント

自由遊びの課題です。例年は男女で多少内容が異なっていましたが、2021８年度入試は男女とも同じ内容で行われました。今回の課題では、１つの遊びに１度に４人まで、というルールがあり、それぞれが好きな遊びに入れないかもしれません。そのようなときにどうするか、逆に、好きな遊びに入れないお友だちを見かけたとき、どのような行動をするかといった点も評価の対象でしょう。お友だちとのコミュニケーションは、日常の生活で身に付いているかもしれませんが、心配ならば保護者の方が、念のためお子さまの普段の遊びの様子を観察してください。お子さまの情操面の発達程度がわかるかもしれません。もし、自己主張が強く、他人を押しのける傾向が見られたならば、自分がそうされたらどのような気持ちになるかを想像させ、改めるように指導していきましょう。

【おすすめ問題集】

新 口頭試問・個別テスト問題集、口頭試問最強マニュアル ペーパーレス編、

Ｊｒ・ウォッチャー29「行動観察」

## 問題29 分野：面接

〈準備〉 なし

〈問題〉 この問題の絵はありません。

【志願者へ】

・名前を教えてください。
・今日は誰とここへ来ましたか。
・小学校に入ったら何をしたいですか。

【保護者へ】

・当校の志望動機を教えてください。
・学校案内を読まれましたか。
・お子さまが熱中していることは何ですか。
・お子さまの将来の夢は何ですか。
・お子さまに将来何になって欲しいとお考えですか。

（面接を終えたら、パーテーションで区切られた反対側のスペースに移動し、親子活動を始める）

〈時間〉 適宜

〈解答〉 省略

［2018年度出題］

## 学習のポイント

親子が別々に質問を受ける面接です。まず初めに志願者が質問され、それが終わると志願者はパーテーションの向こうへ移り、親子活動の準備をします。志願者が移動したあと、保護者への質問が行われます。保護者への質問は、大まかに言えば、「お子さまについて」と「当校の教育への理解」の２点です。お子さまの特徴や現状についてどのように考えているか。そして、当校が児童を教育するだけでなく、同時に教師の育成も行うというシステムへの理解と、それについての考えを聞かれます。当校が行う教育について納得してから志願するため、当校の教育理念について直接聞ける説明会には積極的に参加しましょう。また、学校案内、募集要項だけでなく、学校のホームページなども熟読し、当校がどのような理念を掲げ、どのような教育を行なっているかを理解し、それに対するご家庭の方針を改めて話し合っておいてください。

【おすすめ問題集】
新 小学校受験の入試面接Ｑ＆Ａ、家庭で行う面接テスト問題集、
保護者のための面接最強マニュアル

## 問題30　分野：親子活動

〈準 備〉　なし

〈問 題〉　(問題30-１の絵を切り取って使用してください)
(問題30-２の絵を見せる)
好きな動物のカードを１枚選んでください。保護者の方も１枚選んでください。この絵と、選んだカードを使って、保護者の方と相談しながら、自由にお話を作ってください。

〈時 間〉　５分程度

〈解 答〉　省略

［2018年度出題］

## 学習のポイント

男子に出題されたお話作りの問題です。お話の出来とともに、親子の意思疎通が自然にできているかが観られます。言い換えれば、当校の掲げる「自己肯定感を育てる教育」を、家庭でも行い、親子関係が良好に築けていけるかという点をチェックしているということになります。この課題は面接の直後に行われます。流れとしては、お子さまが先に移動し、面接官から説明を受け、その後、面接を終えた保護者の方にルールを説明し、それに従って、親子でお話を作るという流れです。このとき、まずはお子さまの説明を聞き、絵やカードの使い方などわからないところ、曖昧な部分は改めて確認しましょう。こうした質問で、忘れていた部分、説明が足りなかった部分などをお子さまが思い出すこともあります。このように聞くのは、保護者の方が率先して話を進めたり、お子さまの意見を否定するようだと、親子間のコミュニケーションがうまく取れていないと観られるからで、お子さまのお話のイメージを汲み取って、実際に話せる形になるまで助言はしっかりとしてあげましょう。なお、お話に関しては、「誰が」「どこで」「何をした」というポイントを意識して、１度か２度の場面転換を入れ、登場人物の台詞などを考えれば楽しいお話になるでしょう。

【おすすめ問題集】

新 口頭試問・個別テスト問題集、口頭試問最強マニュアル ペーパーレス編・生活体験編、Ｊｒ・ウォッチャー12「日常生活」、21「お話作り」、29「行動観察」

## 問題31 分野：親子活動

〈準 備〉 なし

〈問 題〉 （問題31の絵を切り取り、机の上に裏返して置く）

①これからものまねゲームをします。私（出題者）がカードを１枚選びます。そのカードの表側の絵を、私に見えないように確かめてください。

②カードの絵に描かれたものを、体を使って表現してください。ただし、鳴き声や音を口で言ってはいけません。私が当てることができれば正解です。正解のときは、ハイタッチをしましょう。

③それでは、今覚えたゲームを、今度は保護者の方に教えて、一緒にやってみてください。

〈時 間〉 ５分程度

〈解 答〉 省略

［2018年度出題］

## 学習のポイント

女子に出題された課題です。男子の課題と同じく、本問でも、親子の意思疎通が取れているか、子育ての中でどのような親子関係が築かれているかを観られます。当校は、その教育の中で、家庭との連携を強く求めています。そうした点からも、良好な家庭環境・親子関係は重視されます。付け焼き刃の入試対策ではなく、日頃からの積み重ねにより、信頼関係を築いておくことが必要です。そのためには、保護者の方からお子さまに思いを語るばかりでなく、お子さまの話も聞いてください。お子さまの気持ちを理解した上で、わからないこと・できないことを克服するにはどうすればよいかを一緒に考えましょう。同時に、出来たこと・わかったことを褒めてあげる、ということを心がけてください。親子の間で話しやすい雰囲気が作られ、お子さまが安心して相談することができますし、そうした相談が、人と話をするという訓練にもなります。また、カードを使ったものまねゲームは当校入試で頻出しています。内容はさほど難しくありませんが、常識として動物の特徴などは理解しておいてください。

【おすすめ問題集】

新 口頭試問・個別テスト問題集、口頭試問最強マニュアル ペーパーレス編・生活体験編、Ｊｒ・ウォッチャー29「行動観察」

## 問題32　分野：行動観察

〈準 備〉　ブロック（30cm四方程度の大きさ、立方体や円柱などさまざまな形のものを20個ほど用意する。それぞれのブロックには赤・青・黄のいずれかのテープを貼っておく）、ビブス

〈問 題〉　**この問題の絵はありません。**

（この問題は20人程度のグループで行う。準備したブロックは床に置いておく）

①まずは３つのチームに分かれてください。分かれたら、私がビブスを渡します。ビブスの色が皆さんのチームです。

②床に置いてあるブロックを、できるだけ高く積んでください。ただし、使っていいのは自分のチームの色と同じテープが貼ってあるブロックだけです。

〈時 間〉　適宜

〈解 答〉　省略

［2017年度出題］

## 学習のポイント

当校の試験の特徴として、ペーパーテストは行われず、多人数のグループで取り組む課題を通してお子さまの適性を観ていくという点が挙げられます。そのため、お子さまが集団生活に適応できるかどうかが、試験全体における大きなポイントとなっています。20人程度という人数の多いグループですから、日頃、お友だちと遊ぶときとは、感覚も違ってくるでしょう。大人数での遊びに戸惑ってしまうお子さまもいるかもしれません。よく知っているお友だちと遊ぶだけでなく、知らない環境やお友だちの中でも、気後れすることなく遊べるようにしておきたいものです。そのためには、休日に家族で出かけたり、公園などで新しいお友だちと遊んで、さまざまな環境に慣れるのがよいでしょう。

【おすすめ問題集】

新 口頭試問・個別テスト問題集、Ｊｒ・ウォッチャー29「行動観察」

## 問題33　分野：行動観察

〈準備〉　平均台、ビブス

〈問題〉　**この問題の絵はありません。**

（この問題は20人程度のグループで行う。問題を始める前に２チームに分かれる）

これからドンジャンケンをします。

①平均台の端からスタートして、反対側から来たお友だちと出会ったら、ジャンケンをしてください。

②勝った人はそのまま進み、負けた人はその場所から平均台を降りてください。お友だちが降りたチームは、次の人がスタートしてください。

③先に平均台の反対側まで行ったチームが勝ちです。

〈時間〉　適宜

〈解答〉　省略

［2017年度出題］

### 学習のポイント

遊びを通した行動観察の問題では、ゲームや遊びの勝ち負けが評価のすべてではないと考えられます。むしろ、勝敗を決める遊びのときに、お子さまがどのような行動をとるか観られていると考えたほうがよいでしょう。普段は大人しいお子さまでも、場合によっては、初めて来た場所で、知らないお友だちと一緒に遊ぶという環境に戸惑ってしまい、思わぬ行動を取ってしまうかもしれません。お子さまが大勢の中でどのような行動をとるのかあらかじめ知っておくためにも、大勢のお友だちと一緒に遊べる機会を用意してあげてください。その際、無理に目立とうとしたり、リーダーシップをとる必要はありません。ルールを守って子供らしく楽しく遊ぶことができれば十分でしょう。

【おすすめ問題集】

新 口頭試問・個別テスト問題集、口頭試問最強マニュアル ペーパーレス編、
Ｊｒ・ウォッチャー29「行動観察」

## 問題34　分野：行動観察（自由遊び）

〈準 備〉　紙、的、ボール、輪投げセット、平均台、ロープ

〈問 題〉　**この問題は絵を参考にしてください。**

（この問題は20人程度のグループで行う。初めに、在校生たちによる遊び方の説明がある）

・トントン相撲…紙を折り曲げてお相撲さんを作り、箱の上に置いて箱を叩いて遊ぶ。先に箱から落ちるか、倒れたほうが負け。
・的当て…壁に貼った的にボールを投げる。
・輪投げ…棒に向かって輪を投げ、ひっかける。
・平均台…平均台を使って遊ぶ。
・電車遊び…何人かでロープの中に入って、電車のように進む。

ここにあるものを使ってお友だちと仲良く遊んでください。ただし、1つの遊び道具で一緒に遊べるのは4人までです。私が「はい、終わりです」と言ったら、遊びをやめてください。

〈時 間〉　適宜

〈解 答〉　省略

［2017年度出題］

### 学習のポイント

男女ともに、多人数での行動観察が終わった後に、いくつかの道具を使った自由遊びを行います。ここ数年行われている課題で、遊びの内容は毎年変わりますが、それほど複雑なルールや、珍しい遊びが出ることはありません。知らない遊びがあったとしても、在校生のお手本を見ることができますから、しっかり観て覚えればよいでしょう。注意しておきたいのは、「1つの遊び道具で一緒に遊べるのは4人まで」というルールです。自分の遊びたい遊具が、既に他のお友だちでいっぱいになってしまっている場合、どうしたらよいかを親子で考えてみてください。無理に割り込むのではなく、他の遊具で遊びながら待ったり、遊んでいるお友だちに話しかけて、終わったら交代してもらう約束ができたりするのが理想的です。

【おすすめ問題集】

新 口頭試問・個別テスト問題集、口頭試問最強マニュアル ペーパーレス編
Ｊｒ・ウォッチャー29「行動観察」

## 問題35　分野：行動観察（自由遊び）

〈準　備〉　紙、平均台、おままごと道具、トイレットペーパーの芯、ペットボトル、ボール

〈問　題〉　**この問題は絵を参考にしてください。**
（この問題は20人程度のグループで行う。初めに、在校生たちによる遊び方の説明がある）

・トントン相撲…紙を折り曲げてお相撲さんを作り、箱の上に置いて箱を叩いて遊ぶ。先に箱から落ちるか、倒れたほうが負け。
・一本橋じゃんけん…平均台を渡り、反対側の子と出会ったらじゃんけん。負けた方は橋を降りる。
・おままごと…遊び道具を使って仲良く遊ぶ。
・ブロック積み…トイレットペーパーのロールをどれだけ高く積めるか競争する。
・ボーリング…ペットボトルをピンに見立てて、ボーリングを行う。

ここにあるものを使ってお友だちと仲良く遊んでください。ただし、１つの遊び道具で一緒に遊べるのは４人までです。私が「はい、終わりです」と言ったら、遊びをやめてください。

〈時　間〉　適宜

〈解　答〉　省略

［2017年度出題］

### 学習のポイント

自由遊びの課題は、男女や試験開始時間によって違う遊具が出されることが多いのですが、課題の流れや観点は変わりません。前の問題と同様に、ルール通りに遊んでいるかどうかが観られていると考えられます。遊具で遊ぶときは、１人で遊ぶのはあまりよい印象を持たれません。同じ遊具で遊んでいるお友だちと仲良く遊べるよう、日頃から多人数で遊ぶ機会を用意してあげてください。また、入学試験の場だからといって、必要以上にアピールをしたり、目立った行動を取ろうと考えすぎるのはよくありません。かえって悪目立ちしてしまう場合もあります。リーダーシップを取るだけでなく、ルールを守らないお友だちとケンカにならないように注意したり、遊び方のわからないお友だちに教えてあげるのも、協調性や社交性を見せる機会になりますが、性格的にこうした行動がなかなか取れないお子さまも少なくないと思います。お子さまにあった方法で、自由遊びの課題を楽しむことを心がけてください。

【おすすめ問題集】
新 口頭試問・個別テスト問題集、口頭試問最強マニュアル ペーパーレス編
Ｊｒ・ウォッチャー29「行動観察」

## 問題36　分野：面接

〈準 備〉　なし

〈問 題〉　この問題の絵はありません。

【志願者へ】
・お名前を教えてください。
・今日は誰とここへ来ましたか。
・小学校に入ったら何をしたいですか。

【保護者へ】
・志願した理由を、学校案内に書かれたメリットとデメリットをふまえてお答えください。
・今までの育児で気を付けてきたことを教えてください。
・お子さまに今足りないことは何だと思いますか。
・当校にお子さまが入学したら、どういう点を成長させたいですか。

（面接を終えたら、パーテーションで区切られた反対側のスペースに移動し、親子活動を始める）

〈時 間〉　適宜

〈解 答〉　省略

［2017年度出題］

### 学習のポイント

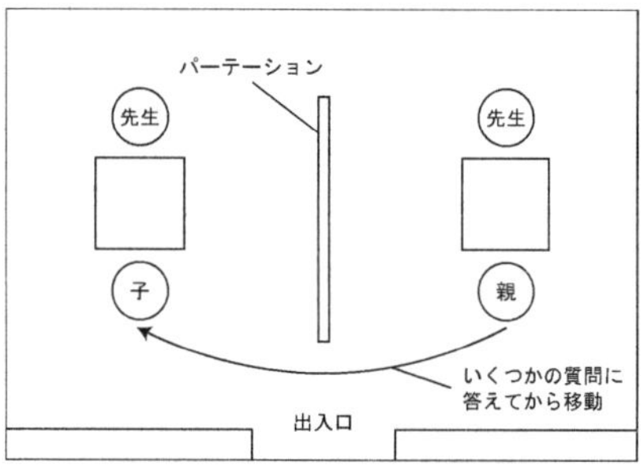


左の図のように、最初は親子で入室しますが、お子さまへの質問が終わると、お子さまはパーテーションで区切られた別のスペースへ移動し、そこで親子活動のルールを聞きます。隣のお子さまの様子が気になる保護者の方もいらっしゃると思いますが、その間に質問がされますから、先生の話に集中してください。近年、親子面接の場において、お子さまの回答を必要以上に気にしたり、回答を保護者の方が説明する場面がたびたび見られます。そうした行為は、学校によっては子離れができていないという印象を持たれてしまう場合があります。保護者の方への質問は、国立小学校の教育を理解しているかどうか、ご家庭での様子や、お子さまの将来などです。学校についての意見は、説明会の内容を理解し、学校案内に目を通してから考えてください。ご家庭での様子は、いわゆる「きれいな答え」を作る必要はなく、ご家庭のありのままの様子を答えればそれで構いません。もし、そのままの様子を答えるのがためらわれる場合であれば、まずはご家庭の環境を見直すところから始めてください。

【おすすめ問題集】
新 小学校受験の入試面接Ｑ＆Ａ、家庭で行う面接テスト問題集、
保護者のための面接最強マニュアル

## 問題37　分野：親子活動

〈準備〉　なし

〈問題〉　**この問題の絵はありません。**
①これから体操をします。私の真似をして、同じ動きをしてください。
（体操を１度見せる）
②では、今度は私と一緒に体操をしましょう。ただし、最後のポーズは自分で考えた好きなポーズをしてもいいですよ。
（体操を行う）
③それでは、今覚えた体操を、今度は保護者の人に教えて、一緒にやってください。

〈時間〉　５分程度

〈解答〉　省略

［2017年度出題］

### 学習のポイント

男子に出題された課題です。当校の特徴的な問題である親子活動です。本年度は、男子には先生の真似をして模倣体操を行う課題が出されました。前の問題で説明したとおり、面接の途中で別の場所に行って説明を受けますから、保護者が側にいなくても、しっかり話を聞けるようにしておいてください。体操は簡単なものですが、後で振り付けやルールをお子さまから保護者へと説明する場面があります。お子さまの、自分の考えを伝える力が観られます。説明するときは、単語を言うだけでなく、「○○をします」「××してください」というように、丁寧な言葉遣いで説明するよう教えてあげてください。日頃の遊びの中で、保護者が遊びのルールを教えるときに、丁寧にお子さまに教えて、お手本になるようにしてください。

【おすすめ問題集】
新 口頭試問・個別テスト問題集、口頭試問最強マニュアル ペーパーレス編・生活体験編、Ｊｒ・ウォッチャー29「行動観察」

## 問題38　分野：親子活動

〈準備〉　なし

〈問題〉　（問題38の絵を切り取り、机の上に裏返して置く）
①これからものまねゲームをします。私（出題者）がカードを１枚選びます。そのカードの表側の絵を、私に見えないように確かめてください。
②カードの絵に描かれたものを、体を使って表現してください。ただし、鳴き声や音を口で言ってはいけません。私が当てられたら正解です。
③それでは、今覚えたゲームを、今度は保護者の人に教えて、一緒にやってください。

〈時間〉　５分程度

〈解答〉　省略

［2017年度出題］

## 学習のポイント

女子に出題された課題は、カードの絵を表現するという、やや抽象的な課題です。問題の観点は、男子と同様ですから、正確に表現することにこだわらなくても問題ないと思われます。ものまね遊びやジェスチャーゲームなどで、一般的な真似の仕方を覚えておけばよいでしょう。遊びのルールを説明するときには、先生の説明を正確に覚えるのではなく、ポイントをしっかり覚える練習をしておくのがよいでしょう。この課題で例えると、「絵に描かれたものを体を使って表現する」「音や鳴き声を口に出してはいけない」などです。お子さまからゲームのルールを聞くとき、何か足りていないものや、忘れているものがあると感じたら、お子さまに質問する形で説明を促してください。ただし、あまり頻繁に質問をすると、過干渉ととられてしまいますので、あくまで説明の主体がお子さまにあることを忘れないでください。

【おすすめ問題集】

新 口頭試問・個別テスト問題集、口頭試問最強マニュアル ペーパーレス編・生活体験編、Ｊｒ・ウォッチャー29「行動観察」

**家庭学習のコツ③　効果的な学習方法～問題集を通読する**

過去問題集を始めるにあたり、いきなり問題に取り組んではいませんか？　それでは本書を有効活用しているとは言えません。まず、保護者の方が、すべてを一通り読み、当校の傾向、ポイント、問題のアドバイスを頭に入れてください。そうすることにより、保護者の方の指導力がアップします。また、日常生活のさまざまなことから、保護者の方自身が「作問」することができるようになっていきます。

# 問題5

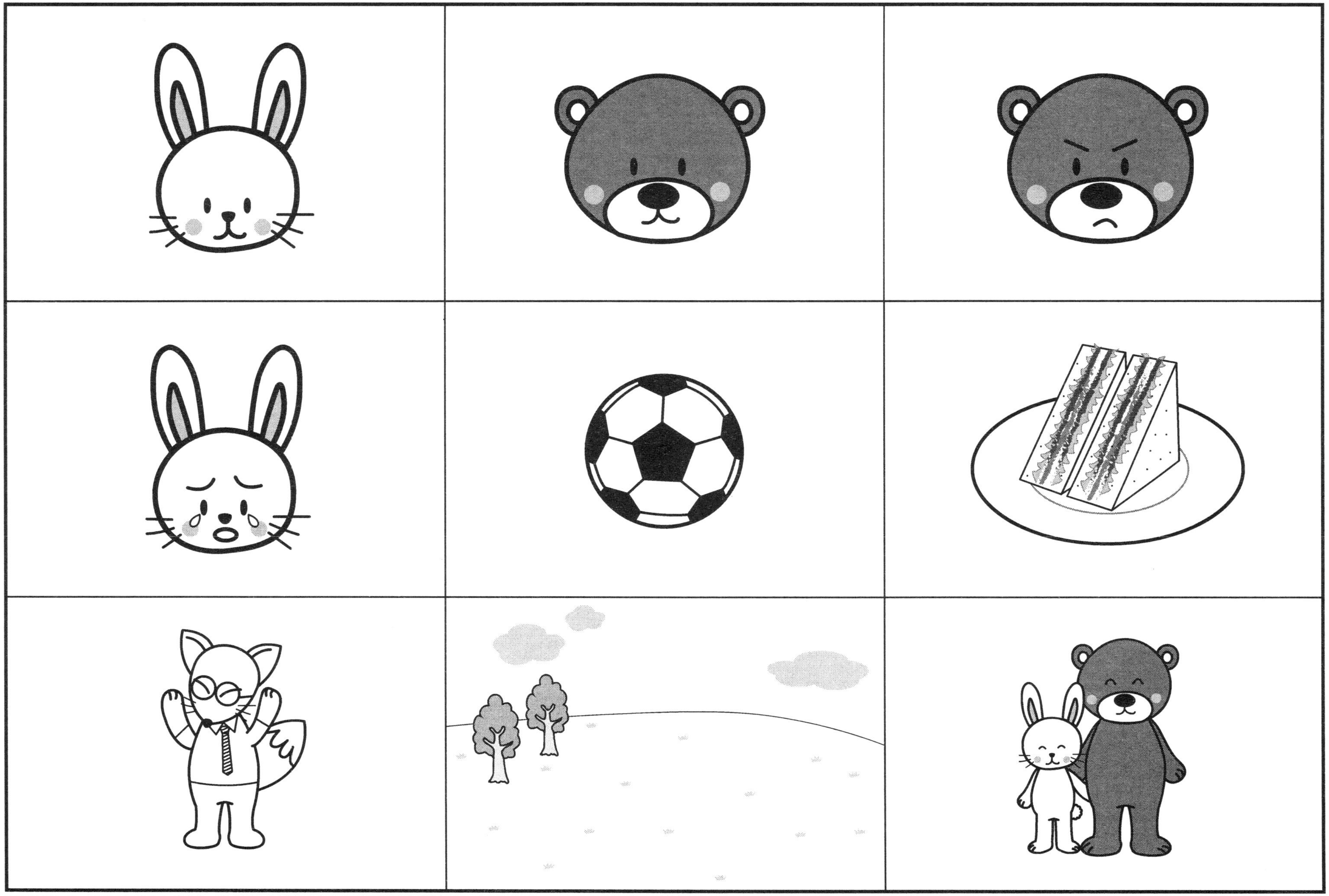

2024 年度　附属竹早小学校　過去　無断複製／転載を禁ずる　　　　　日本学習図書株式会社

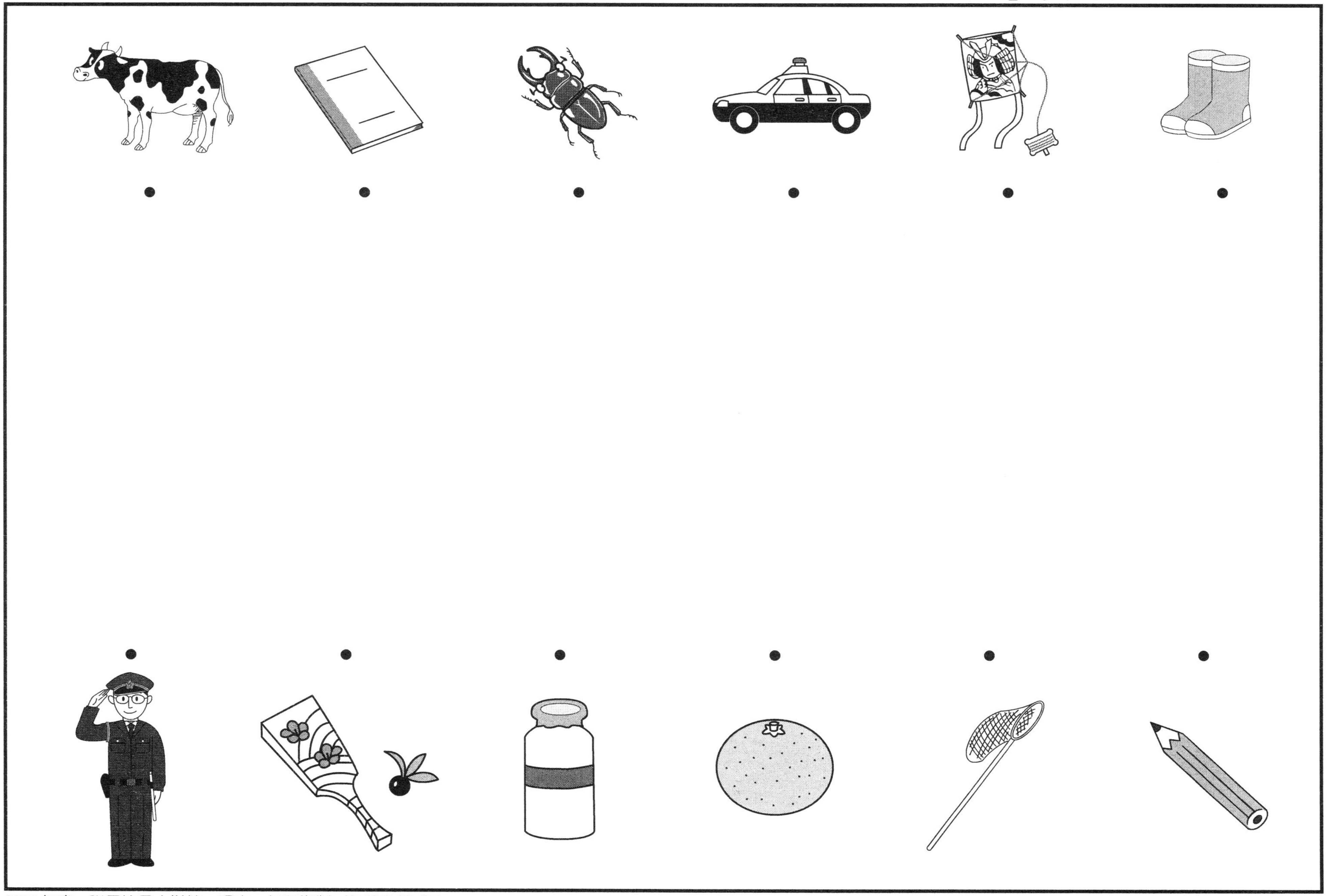

# 問題１１－２

# 問題１６－１

| | | |
|---|---|---|
| | | |
| | | |

# 問題16−2

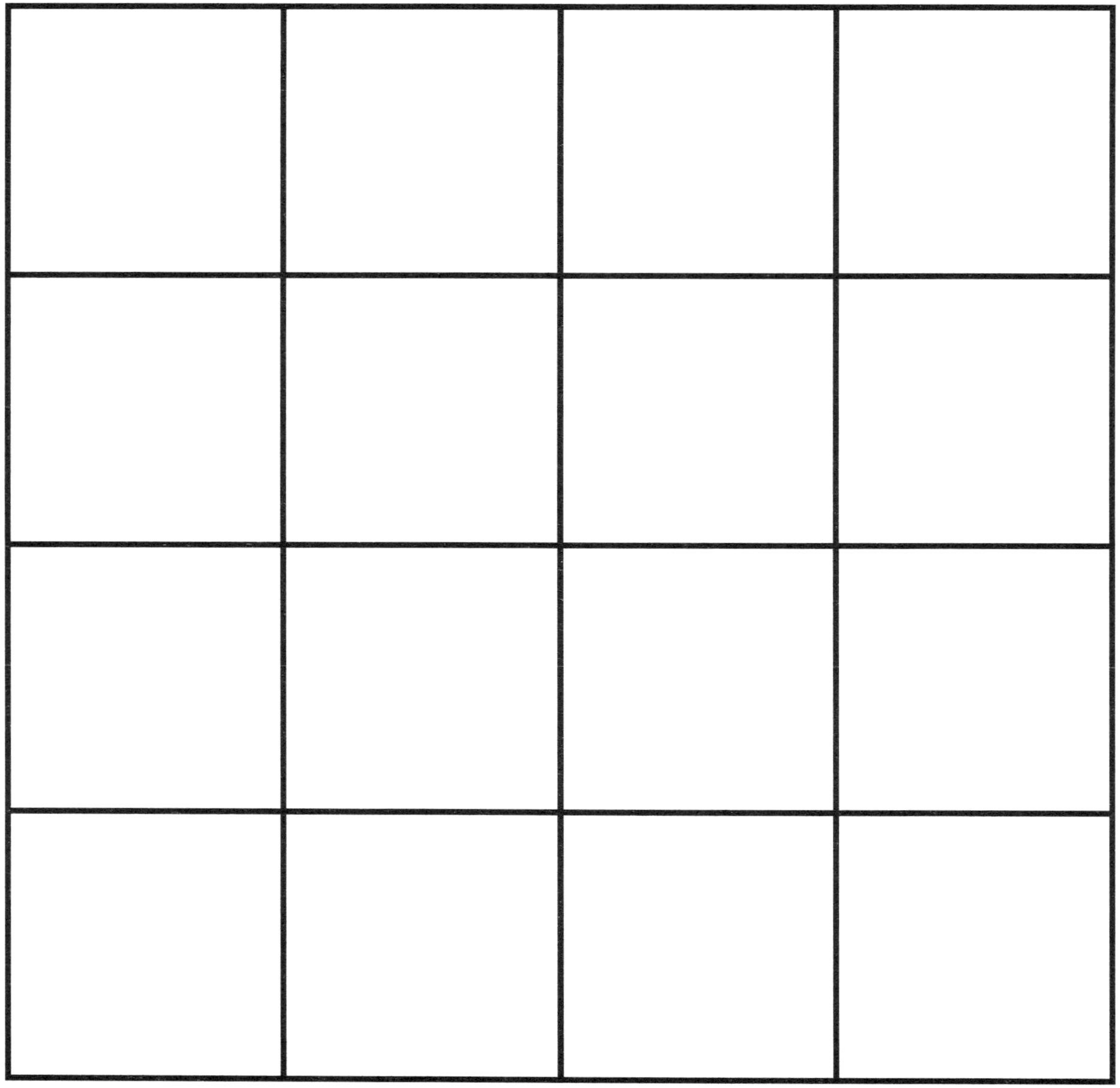

# 問題１７

# 問題２１

2024年度　附属竹早小学校　過去　無断複製/転載を禁ずる　日本学習図書株式会社

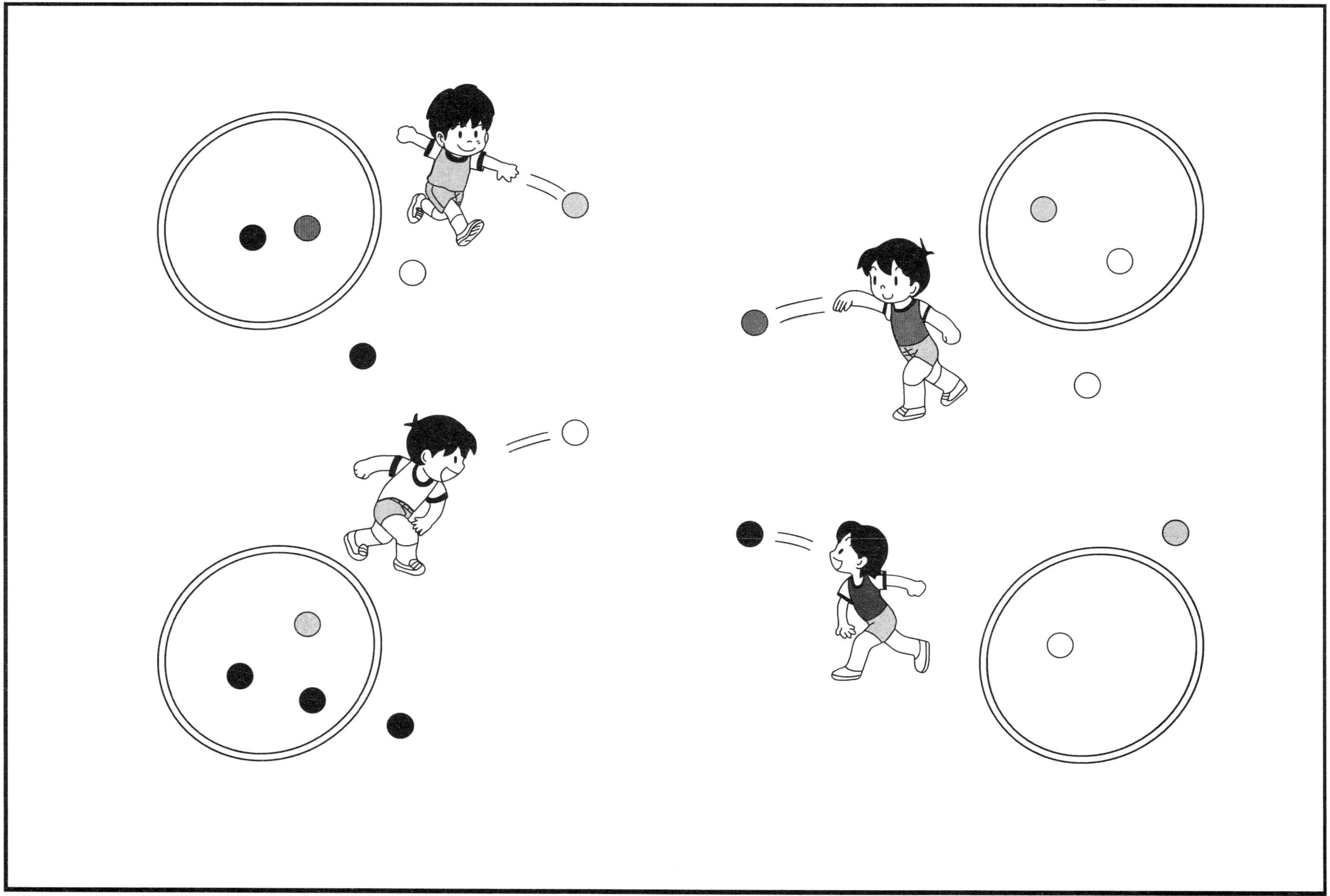

# 問題２６

問題２７

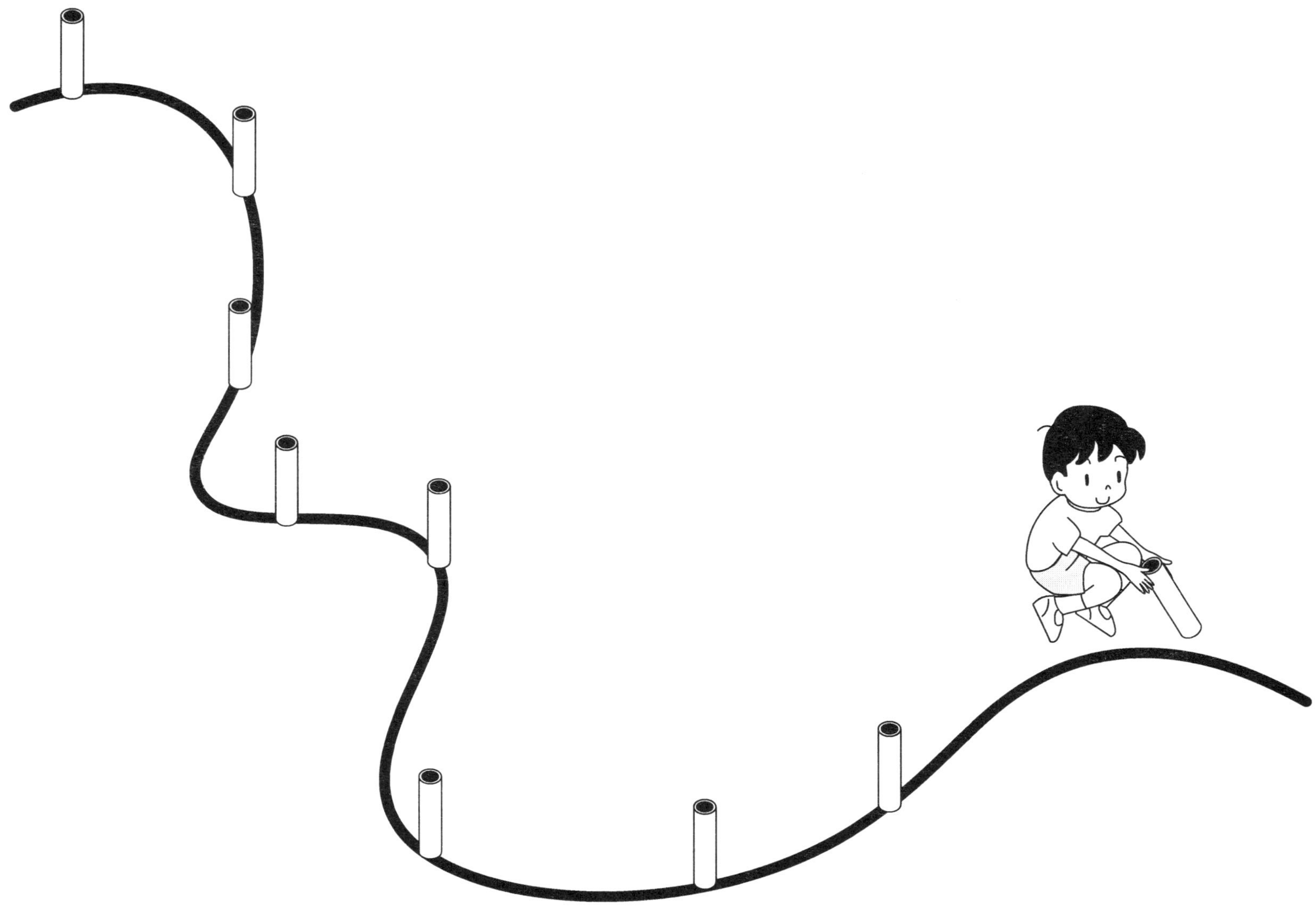

# 問題２８

※カバのエサやり
（口の中に
ボールを投げ入れる）

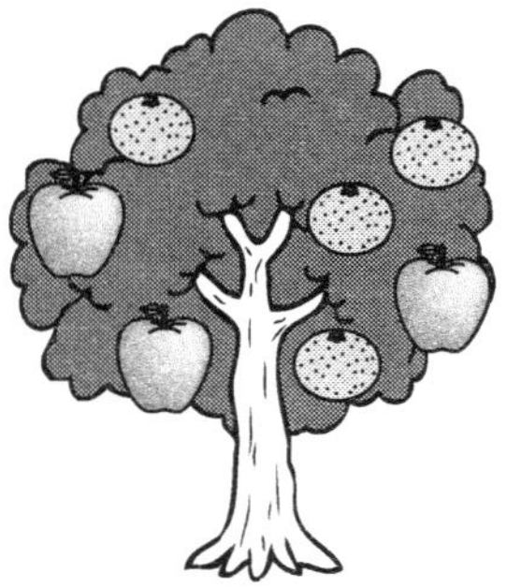

※果物の木
（リンゴ・ミカンをとっておままごとで使用する）

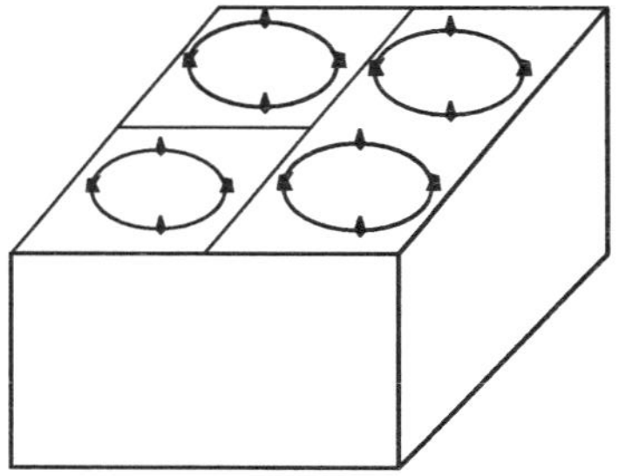

※おままごと用焼き場
（魚釣りで釣った魚、果物の木からとった果物を使う）

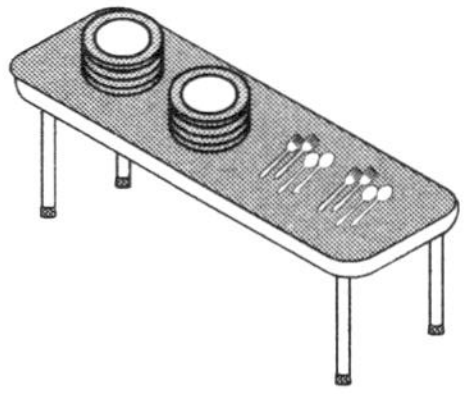

（お皿、スプーンとフォークなどが置いて
あり、自由に使って良いと指示）

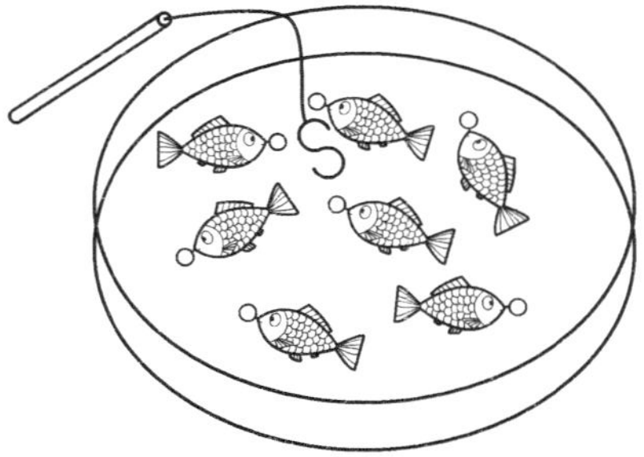

※魚釣り

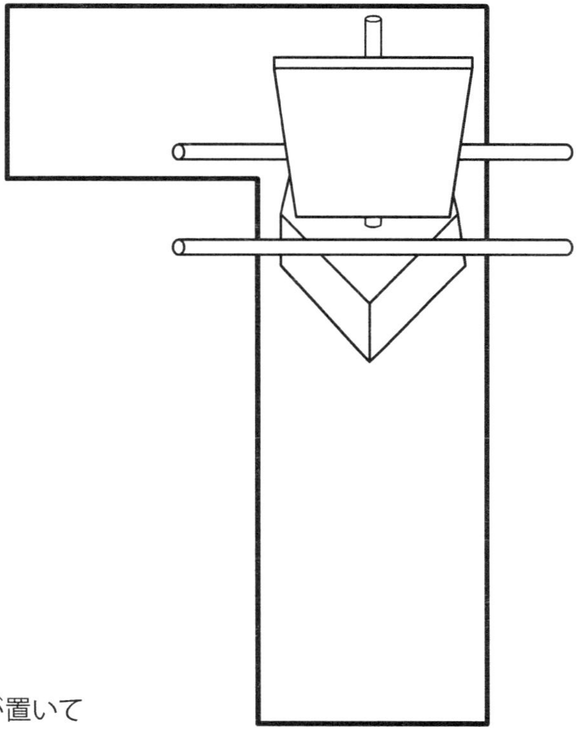

※海賊船
（みんなで棒を持って、海賊船を動かす）

# 問題３０－１

2024 年度　附属竹早小学校　過去　無断複製／転載を禁ずる　　日本学習図書株式会社

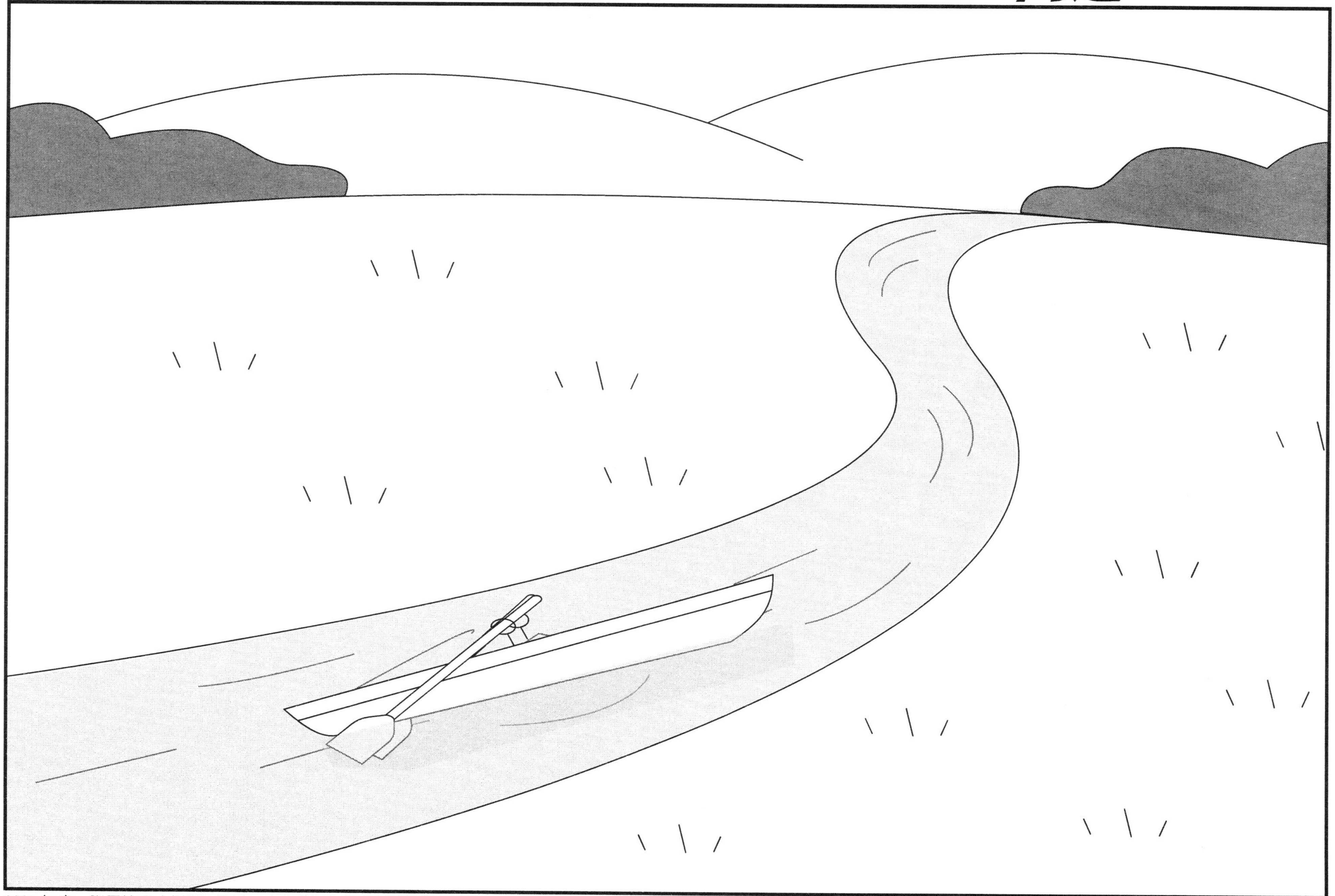

# 問題３１

的当て

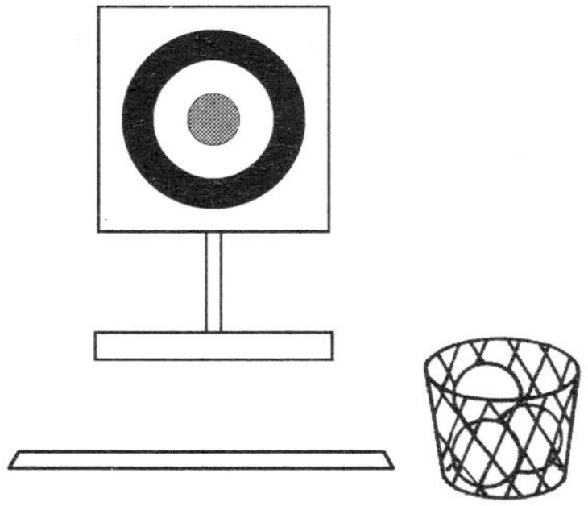

輪投げ

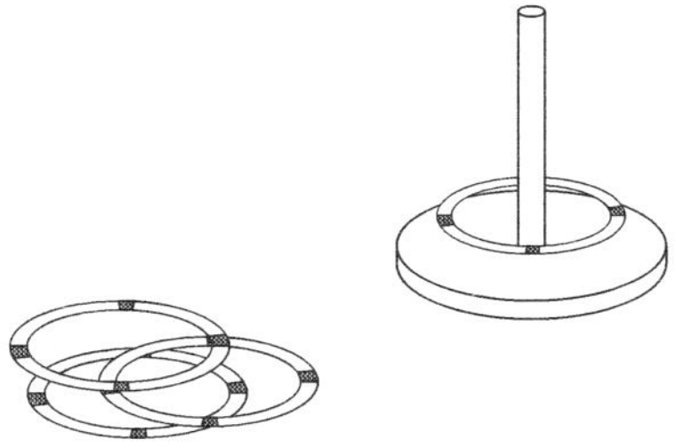

電車ごっこ

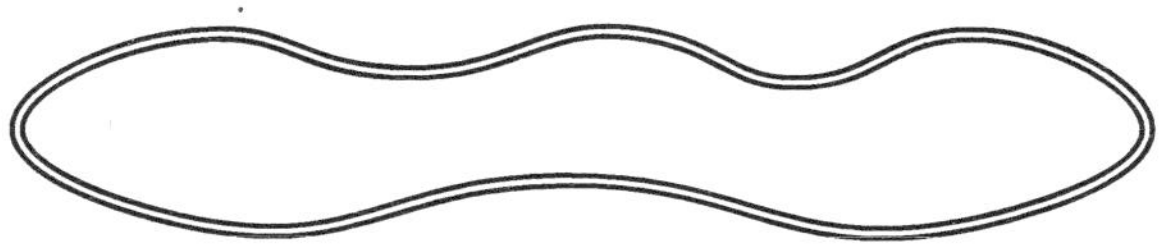

トントン相撲

平均台

# 問題35

おままごと

ペットボトルボーリング

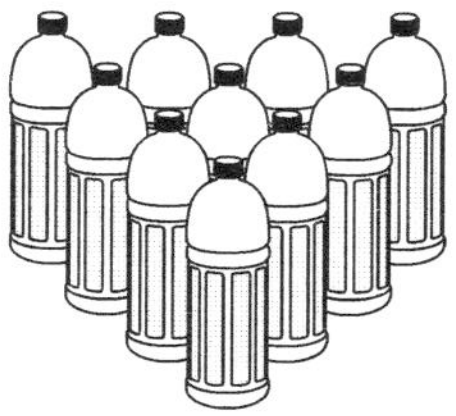

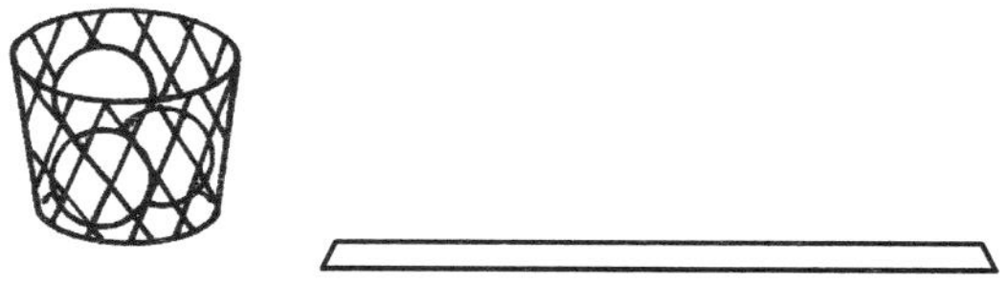

ブロック積み

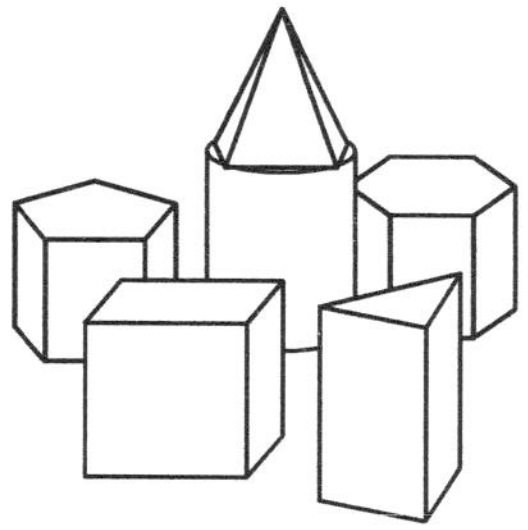

トントン相撲

一本橋じゃんけん

# 問題３８

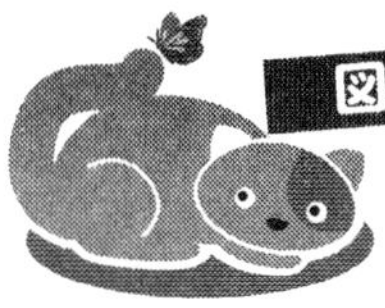

図書カード 1000 円分プレゼント

ご記入日 令和　　年　　月　　日

# ☆国・私立小学校受験アンケート☆

※可能な範囲でご記入下さい。選択肢は○で囲んで下さい。

〈小学校名〉＿＿＿＿＿＿＿＿＿＿ 〈お子さまの性別〉男・女 〈誕生月〉＿＿月

〈その他の受験校〉（複数回答可）＿＿＿＿＿＿＿＿＿＿＿＿＿＿＿＿

〈受験日〉①：＿＿月＿＿日 〈時間〉＿＿時＿＿分 ～ ＿＿時＿＿分

②：＿＿月＿＿日 〈時間〉＿＿時＿＿分 ～ ＿＿時＿＿分

〈受験者数〉男女計＿＿名（男子＿＿名　女子＿＿名）

〈お子さまの服装〉＿＿＿＿＿＿＿＿＿＿＿＿＿＿

〈入試全体の流れ〉（記入例）準備体操→行動観察→ペーパーテスト

＿＿＿＿＿＿＿＿＿＿＿＿＿＿＿＿＿＿＿＿

**Eメールによる情報提供**

日本学習図書では、Eメールでも入試情報を募集しております。
下記のアドレスに、アンケートの内容をご入力の上、メールをお送り下さい。

**ojuken@nichigaku.jp**

## ●行動観察　（例）好きなおもちゃで遊ぶ・グループで協力するゲームなど

〈実施日〉＿＿月＿＿日 〈時間〉＿＿時＿＿分 ～ ＿＿時＿＿分 〈着替え〉□有 □無

〈出題方法〉□肉声 □録音 □その他（　　　　　） 〈お手本〉□有 □無

〈試験形態〉□個別 □集団（　　　人程度）

〈会場図〉

〈内容〉

□自由遊び

＿＿＿＿＿＿＿＿＿＿＿＿＿＿＿＿

□グループ活動

＿＿＿＿＿＿＿＿＿＿＿＿＿＿＿＿

□その他

＿＿＿＿＿＿＿＿＿＿＿＿＿＿＿＿

## ●運動テスト（有・無）　（例）跳び箱・チームでの競争など

〈実施日〉＿＿月＿＿日 〈時間〉＿＿時＿＿分 ～ ＿＿時＿＿分 〈着替え〉□有 □無

〈出題方法〉□肉声 □録音 □その他（　　　　　） 〈お手本〉□有 □無

〈試験形態〉□個別 □集団（　　　人程度）

〈会場図〉

〈内容〉

□サーキット運動

□走り □跳び箱 □平均台 □ゴム跳び

□マット運動 □ボール運動 □なわ跳び

□クマ歩き

□グループ活動＿＿＿＿＿＿＿＿＿＿＿＿

□その他＿＿＿＿＿＿＿＿＿＿＿＿＿＿

## ●知能テスト・口頭試問

〈実施日〉　＿＿月＿＿日　〈時間〉　＿＿時＿＿分　～　＿＿時＿＿分　〈お手本〉□有　□無

〈出題方法〉　□肉声　□録音　□その他（　　　　　　）　〈問題数〉　＿＿枚　＿＿問

| 分野 | 方法 | 内　容 | 詳　細・イ　ラ　ス　ト |
|---|---|---|---|
| （例）<br>お話の記憶 | ☑筆記<br>□口頭 | 動物たちが待ち合わせをする話 | （あらすじ）<br>動物たちが待ち合わせをした。最初にウサギさんが来た。次にイヌくんが、その次にネコさんが来た。最後にタヌキくんが来た。<br>（問題・イラスト）<br>３番目に来た動物は誰か  |
| お話の記憶 | □筆記<br>□口頭 | | （あらすじ）<br>（問題・イラスト） |
| 図形 | □筆記<br>□口頭 | | |
| 言語 | □筆記<br>□口頭 | | |
| 常識 | □筆記<br>□口頭 | | |
| 数量 | □筆記<br>□口頭 | | |
| 推理 | □筆記<br>□口頭 | | |
| その他 | □筆記<br>□口頭 | | |

## ●制作　（例）ぬり絵・お絵かき・工作遊びなど

〈実施日〉＿＿月＿＿日〈時間〉＿＿時＿＿分＿＿～＿＿時＿＿分

〈出題方法〉□肉声　□録音　□その他（　　　　　　）〈お手本〉□有　□無

〈試験形態〉□個別　□集団（　　　　人程度）

| 材料・道具 | 制作内容 |
| --- | --- |
| □ハサミ<br>□のり（□つぼ □液体 □スティック）<br>□セロハンテープ<br>□鉛筆 □クレヨン（　色）<br>□クーピーペン（　色）<br>□サインペン（　色）□<br>□画用紙（□ A4 □ B4 □ A3<br>　　□その他：　　　　　）<br>□折り紙 □新聞紙 □粘土<br>□その他（　　　　　　） | □切る　□貼る　□塗る　□ちぎる　□結ぶ　□描く　□その他（　　　　　　）<br>タイトル：＿＿＿＿＿＿＿＿＿＿ |

## ●面接

〈実施日〉＿＿月＿＿日〈時間〉＿＿時＿＿分＿＿～＿＿時＿＿分〈面接担当者〉＿＿名

〈試験形態〉□志願者のみ（　　）名　□保護者のみ　□親子同時　□親子別々

〈質問内容〉

□志望動機　□お子さまの様子

□家庭の教育方針

□志望校についての知識・理解

□その他（　　　　　　　　　　　）

（　詳　細　）

・

・

・

・

※試験会場の様子をご記入下さい。

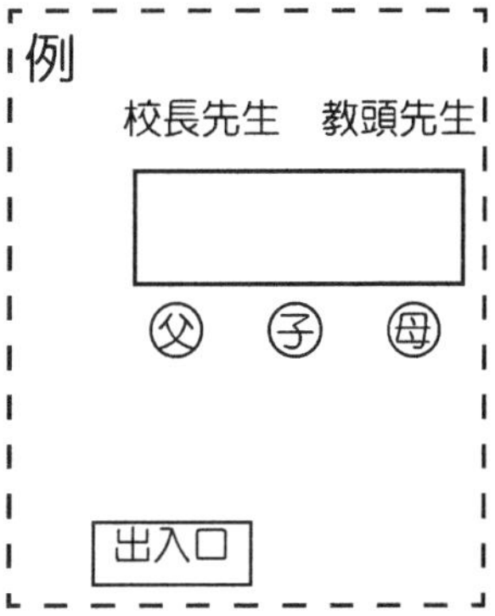


## ●保護者作文・アンケートの提出（有・無）

〈提出日〉□面接直前　□出願時　□志願者考査中　□その他（　　　　　　　）

〈下書き〉□有　□無

〈アンケート内容〉

（記入例）当校を志望した理由はなんですか（150 字）

**●説明会（□有　□無）〈開催日〉　　月　　日〈時間〉　時　　分　～　　時　　分**

〈上履き〉 □要　□不要　〈願書配布〉 □有　□無　〈校舎見学〉 □有　□無

〈ご感想〉

**●参加された学校行事**（複数回答可）

公開授業〈開催日〉　　月　　日〈時間〉　時　　分　～　　時　　分

運動会など〈開催日〉　　月　　日〈時間〉　時　　分　～　　時　　分

学習発表会・音楽会など〈開催日〉　　月　　日〈時間〉　時　　分　～　　時　　分

〈ご感想〉

※是非参加したほうがよいと感じた行事について

**●受験を終えてのご感想、今後受験される方へのアドバイス**

※対策学習（重点的に学習しておいた方がよい分野）、当日準備しておいたほうがよい物など

＊＊＊＊＊＊＊＊＊＊＊＊　ご記入ありがとうございました　＊＊＊＊＊＊＊＊＊＊＊＊

**必要事項をご記入の上、ポストにご投函ください。**

なお、本アンケートの送付期限は入試終了後３ヶ月とさせていただきます。また、入試に関する情報の記入量が当社の基準に満たない場合、謝礼の送付ができないことがございます。あらかじめご了承ください。

ご住所：〒

お名前：　　　　　　　　メール：

ＴＥＬ：　　　　　　　　ＦＡＸ：

アンケートのご記入
ありがとうございました

ご記入頂いた個人に関する情報は、当社にて厳重に管理致します。弊社の個人情報取り扱いに関する詳細は、www.nichigaku.jp/policy.php の「個人情報の取り扱い」をご覧下さい。

# 分野別 小学入試練習帳 ジュニアウォッチャー

| | |
|---|---|
| 1．点・線図形 | 小学校入試で出題頻度の高い『点・線図形』の模写を、難易度の低いものから段階別に幅広く練習することができるように構成。 |
| 2．座標 | 図形の位置模写という作業を、難易度の低いものから段階別に練習できるように構成。 |
| 3．パズル | 様々なパズルの問題を難易度の低いものから段階別に練習できるように構成。 |
| 4．同図形探し | 小学校入試で出題頻度の高い、同図形選びの問題を繰り返し練習できるように構成。 |
| 5．回転・展開 | 図形などを回転、または展開したとき、形がどのように変化するかを学習し、理解を深められるように構成。 |
| 6．系列 | 数、図形などの様々な系列問題を、難易度の低いものから段階別に練習できるように構成。 |
| 7．迷路 | 迷路の問題を繰り返し練習できるように構成。 |
| 8．対称 | 対称に関する問題を４つのテーマに分類し、各テーマごとに問題を段階別に練習できるように構成。 |
| 9．合成 | 図形の合成に関する問題を、難易度の低いものから段階別に練習できるように構成。 |
| 10．四方からの観察 | もの（立体）を様々な角度から見て、どのように見えるかを推理する問題を段階別に整理し、１つの形式で複数の問題を練習できるように構成。 |
| 11．いろいろな仲間 | ものや動物、植物の共通点を見つけ、分類していく問題を中心に構成。 |
| 12．日常生活 | 日常生活における様々な問題を６つのテーマに分類し、各テーマごとに一つの問題形式で複数の問題を練習できるように構成。 |
| 13．時間の流れ | 『時間』に着目し、様々なものごとは、時間が経過するとどのように変化するのかということを学習し、理解できるように構成。 |
| 14．数える | 様々なものを『数える』ことから、数の多少の判定やかけ算、わり算の基礎までを練習できるように構成。 |
| 15．比較 | 比較に関する問題を５つのテーマ（数、高さ、長さ、量、重さ）に分類し、各テーマごとに問題を段階別に練習できるように構成。 |
| 16．積み木 | 数える対象を積み木に限定した問題集。 |
| 17．言葉の音遊び | 言葉の音に関する問題を５つのテーマに分類し、各テーマごとに問題を段階別に練習できるように構成。 |
| 18．いろいろな言葉 | 表現力をより豊かにするいろいろな言葉として、擬態語や擬声語、同音異義語、反意語、数詞を取り上げた問題集。 |
| 19．お話の記憶 | お話を聴いてその内容を記憶、理解し、設問に答える形式の問題集。 |
| 20．見る記憶・聴く記憶 | 「見て憶える」「聴いて憶える」という『記憶』分野に特化した問題集。 |
| 21．お話作り | いくつかの絵を元にしてお話を作る練習をして、想像力を養うことができるように構成。 |
| 22．想像画 | 描かれてある形や景色に好きな絵を描くことにより、想像力を養うことができるように構成。 |
| 23．切る・貼る・塗る | 小学校入試で出題頻度の高い、はさみやのりなどを用いた巧緻性の問題を繰り返し練習できるように構成。 |
| 24・絵画 | 小学校入試で出題頻度の高い、お絵かきやぬり絵などクレヨンやクーピーペンを用いた巧緻性の問題を繰り返し練習できるように構成。 |
| 25．生活巧緻性 | 小学校入試で出題頻度の高い日常生活の様々な場面における巧緻性の問題集。 |
| 26．文字・数字 | ひらがなの清音、濁音、拗音、拗長音、促音と１～20までの数字に焦点を絞り、練習できるように構成。 |
| 27．理科 | 小学校入試で出題頻度が高くなりつつある理科の問題を集めた問題集。 |
| 28．運動 | 出題頻度の高い運動問題を種目別に分けて構成。 |
| 29．行動観察 | 項目ごとに問題提起をし、「このような時はどうか、あるいはどう対処するのか」の観点から問いかける形式の問題集。 |
| 30．生活習慣 | 学校から家庭に提起された問題と思って、一問一問絵を見ながら話し合い、考える形式の問題集。 |

| | |
|---|---|
| 31．推理思考 | 数、量、言語、常識（含理科、一般）など、諸々のジャンルから問題を構成し、近年の小学校入試問題傾向に沿って構成。 |
| 32．ブラックボックス | 箱や筒の中を通ると、どのようなお約束でどのように変化するかを推理・思考する問題集。 |
| 33．シーソー | 重さの違うものをシーソーに乗せた時どちらに傾くのか、またどうすればシーソーは釣り合うのかを思考する基礎的な問題集。 |
| 34．季節 | 様々な行事や植物などを季節別に分類できるように知識をつける問題集。 |
| 35．重ね図形 | 小学校入試で頻繁に出題されている「図形を重ね合わせてできる形」についての問題を集めました。 |
| 36．同数発見 | 様々な物を数え「同じ数」を発見し、数の多少の判断や数の認識の基礎を学べるように構成した問題集。 |
| 37．選んで数える | 数の学習の基本となる、いろいろなものの数を正しく数える学習を行う問題集。 |
| 38．たし算・ひき算１ | 数字を使わず、たし算とひき算の基礎を身につけるための問題集。 |
| 39．たし算・ひき算２ | 数字を使わず、たし算とひき算の基礎を身につけるための問題集。 |
| 40．数を分ける | 数を等しく分ける問題です。等しく分けたときに余りが出るものもあります。 |
| 41．数の構成 | ある数がどのような数で構成されているか学んでいきます。 |
| 42．一対多の対応 | 一対一の対応から、一対多の対応まで、かけ算の考え方の基礎学習を行います。 |
| 43．数のやりとり | あげたり、もらったり、数の変化をしっかりと学びます。 |
| 44．見えない数 | 指定された条件から数を導き出します。 |
| 45．図形分割 | 図形の分割に関する問題集。パズルや合成の分野にも通じる様々な問題を集めました。 |
| 46．回転図形 | 「回転図形」に関する問題集。やさしい問題から始め、いくつかの代表的なパターンから、段階を踏んで学習できるよう編集されています。 |
| 47．座標の移動 | 「マス目の指示通りに移動する問題」と「指示された数だけ移動する問題」を収録。 |
| 48．鏡図形 | 鏡で左右反転させた時の見え方を考えます。平面図形から立体図形、文字、絵まで。 |
| 49．しりとり | すべての学習の基礎となる「言葉」を学ぶこと、特に「語彙」を増やすことに重点をおき、さまざまなタイプの「しりとり」問題を集めました。 |
| 50．観覧車 | 観覧車やメリーゴーラウンドなどを舞台にした「回転系列」の問題集。「推理思考」分野の問題ですが、要素として「図形」や「数量」も含みます。 |
| 51．運筆① | 鉛筆の持ち方を学び、点線なぞり、お手本を見ながらの模写で、線を引く練習をします。 |
| 52．運筆② | 運筆①からさらに発展し、「欠所補完」や「迷路」などを楽しみながら、より複雑な鉛筆運びを習得することを目指します。 |
| 53．四方からの観察 積み木編 | 積み木を使用した「四方からの観察」に関する問題を練習できるように構成。 |
| 54．図形の構成 | 見本の図形がどのような部分によって形づくられているかを考えます。 |
| 55．理科② | 理科的知識に関する問題を集中して練習する「常識」分野の問題集。 |
| 56．マナーとルール | 道路や駅、公共の場でのマナー、安全や衛生に関する常識を学べるように構成。 |
| 57．置き換え | さまざまな具体的・抽象的事象を記号で表す「置き換え」の問題を扱います。 |
| 58．比較② | 長さ・高さ・体積・数などを数学的な知識を使わず、論理的に推測する「比較」の問題を練習できるように構成。 |
| 59．欠所補完 | 線と線のつながり、欠けた絵に当てはまるものなどを求める「欠所補完」に取り組める問題集です。 |
| 60．言葉の音（おん） | しりとり、決まった順番の音をつなげるなど、「言葉の音」に関する問題に取り組める練習問題集です。 |

# ◆◆ニチガクのおすすめ問題集◆◆

**より充実した家庭学習を目指し、ニチガクではさまざまな問題集をとりそろえております!!**

## サクセスウォッチャーズ（全18巻）

①〜⑱
本体各￥2,200＋税

全9分野を「基礎必修編」「実力アップ編」の2巻でカバーした、合計18冊。

各巻80問と豊富な問題数に加え、他の問題集では掲載していない詳しいアドバイスが、お子さまを指導する際に役立ちます。

各ページが、すぐに使えるミシン目付き。本番を意識したドリルワークが可能です。

## ジュニアウォッチャー（既刊60巻）

①〜60（以下続刊）
本体各￥1,500＋税

入試出題頻度の高い9分野を、さらに60の項目にまで細分化。基礎学習に最適のシリーズ。

苦手分野におけるつまずきを、効率よく克服するための60冊です。

ポイントが絞られているため、無駄なく高い効果を得られます。

## 国立・私立 NEW ウォッチャーズ

言語／理科／図形／記憶
常識／数量／推理
本体各￥2,000＋税

シリーズ累計発行部数40万部以上を誇る大ベストセラー「ウォッチャーズシリーズ」の趣旨を引き継ぐ新シリーズ!!

実際に出題された過去問の「類題」を32問掲載。全問に「解答のポイント」付きだから家庭学習に最適です。「ミシン目」付き切り離し可能なプリント学習タイプ！

## 実践 ゆびさきトレーニング①・②・③

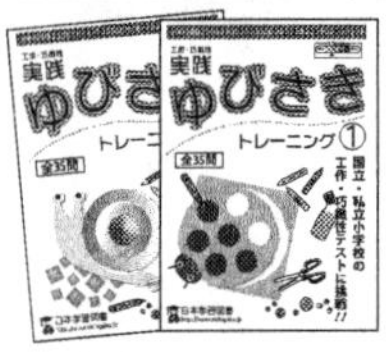


本体各￥2,500＋税

制作問題に特化した一冊。有名校が実際に出題した類似問題を35問掲載。

様々な道具の扱い（はさみ・のり・セロハンテープの使い方）から、手先・指先の訓練（ちぎる・貼る・塗る・切る・結ぶ）、また、表現することの楽しさも経験できる問題集です。

## お話の記憶・読み聞かせ

［お話の記憶問題集］
中級／上級編
本体各￥2,000＋税

初級／過去類似編／ベスト30
本体各￥2,600＋税

1話5分の読み聞かせお話集①・②、入試実践編①
本体各￥1,800＋税

あらゆる学習に不可欠な、語彙力・集中力・記憶力・理解力・想像力を養うと言われているのが「お話の記憶」分野の問題。問題集は全問アドバイス付き。

## 分野別 苦手克服シリーズ（全6巻）

図形／数量／言語／
常識／記憶／推理
本体各￥2,000＋税

数量・図形・言語・常識・記憶の6分野。アンケートに基づいて、多くのお子さまがつまづきやすい苦手問題を、それぞれ40問掲載しました。

全問アドバイス付きですので、ご家庭において、そのつまづきを解消するためのプロセスも理解できます。

## 運動テスト・ノンペーパーテスト問題集

新 運動テスト問題集
本体￥2,200＋税

新 ノンペーパーテスト問題集
本体￥2,600＋税

ノンペーパーテストは国立・私立小学校で幅広く出題される、筆記用具を使用しない分野の問題を全40問掲載。

運動テスト問題集は運動分野に特化した問題集です。指示の理解や、ルールを守る訓練など、ポイントを押さえた学習に最適。全35問掲載。

## 口頭試問・面接テスト問題集

新 口頭試問・個別テスト問題集
本体￥2,500＋税

面接テスト問題集
本体￥2,000＋税

口頭試問は、主に個別テストとして口頭で出題解答を行うテスト形式。面接は、主に「考え」やふだんの「あり方」をたずねられるものです。

口頭で答える点は同じですが、内容は大きく異なります。想定する質問内容や答え方の幅を広げるために、どちらも手にとっていただきたい問題集です。

## 小学校受験 厳選難問集 ①・②

本体各￥2,600＋税

実際に出題された入試問題の中から、難易度の高い問題をピックアップし、アレンジした問題集。応用問題への挑戦は、基礎の理解度を測るだけでなく、お子さまの達成感・知的好奇心を触発します。

①は数量・図形・推理・言語、②は位置・常識・比較・記憶分野の難問を掲載。それぞれ40問。

## 国立小学校　対策問題集

国立小学校入試問題A・B・C
（全3巻）本体各￥3,282＋税

新 国立小学校直前集中講座
本体￥3,000＋税

国立小学校頻出の問題を厳選。細かな指導方法やアドバイスが掲載してあり、効率的な学習が進められます。「総集編」は難易度別にA〜Cの3冊。付録のレーダーチャートにより得意・不得意を認識でき、国立小学校受験対策に最適です。入試直前の対策には「新 直前集中講座」！

## おうちでチャレンジ ①・②

本体各￥1,800＋税

関西最大級の模擬試験である小学校受験標準テストのペーパー問題を編集した実力養成に最適な問題集。延べ受験者数10,000人以上のデータを分析しお子さまの習熟度・到達度を一目で判別。

保護者必読の特別アドバイス収録！

## Q＆Aシリーズ

『小学校受験で知っておくべき125のこと』
『小学校受験に関する保護者の悩みQ＆A』
『新 小学校受験の入試面接Q＆A』
『新 小学校受験 願書・アンケート文例集500』
本体各￥2,600＋税
『小学校受験のための
願書の書き方から面接まで』
本体￥2,500＋税

「知りたい！」「聞きたい！」「こんな時どうすれば…？」そんな疑問や悩みにお答えする、オススメの人気シリーズです。

書籍についてのご注文・お問い合わせ
☎ 03-5261-8951

http://www.nichigaku.jp
※ご注文方法、書籍についての詳細は、Webサイトをご覧ください。

日本学習図書　検索

ニチガクの家庭学習支援

# Web学習サポートサービス

## こんなこと…ありませんか？

「ニチガクの問題集…買ったはいいけど、、、
この問題の教え方がわからない（汗）」

## メールでお悩み解決します！

☆ ホームページ内の専用フォームで必要事項を入力！
☆ 教え方に困っているニチガクの問題を教えてください！
☆ 確認終了後、具体的な指導方法をメールでご返信！
☆ 全国どこでも！ スマホでも！ ぜひご活用ください！

＜質問回答例＞

**学習のポイント**

推理分野の学習では、後の学習に活きる思考力を養うことができます。ご家庭で指導する場合にも、テクニックにたよらず、保護者の方が先に基本的な考え方を理解した上で、お子さまによく考えさせることを大切にして指導してください。

Q.「お子さまによく考えさせることを大切にして指導してください」と学習のポイントにありますが、考える習慣をつけさせるためには、具体的にどのようにしたらいいですか？

A. お子さまが考える時間を持てるように、質問の仕方と、タイミングに工夫をしてみてください。
たとえば、「答えはあっているけど、どうやってその答えを見つけたの」「答えは○○なんだけど、どうしてだと思う？」という感じです。はじめのうちは、「必ず30秒考えてから手を動かす」などのルールを決める方法もおすすめです。

まずは、ホームページへアクセスしてください!!

http://www.nichigaku.jp 日本学習図書 検索

## 東京学芸大学附属竹早小学校　専用注文書

年　　月　　日

# 合格のための問題集ベスト・セレクション

### ＊入試頻出分野ベスト３

**1st　行動観察**
協調性　聞く力

**2nd　面　接**
聞く力　話す力

**3rd　親子活動**
聞く力　協調性　創造力

行動観察の集団遊びに向けて、お友だちと一緒に遊べる協調性を伸ばしましょう。親子課題では、日常の親子関係が観られています。親子間のコミュニケーションを大切にしてください。

| 分野 | 書　名 | 価格(税込) | 注文 | 分野 | 書　名 | 価格(税込) | 注文 |
|---|---|---|---|---|---|---|---|
| 常識 | Ｊｒ・ウォッチャー 11「いろいろな仲間」 | 1,650円 | 冊 | 言語 | Ｊｒ・ウォッチャー 60「言葉の音（おん）」 | 1,650円 | 冊 |
| 常識 | Ｊｒ・ウォッチャー 12「日常生活」 | 1,650円 | 冊 | | 保護者のための入試面接最強マニュアル | 2,200円 | 冊 |
| 言語 | Ｊｒ・ウォッチャー 18「いろいろな言葉」 | 1,650円 | 冊 | | 面接テスト問題集 | 2,200円 | 冊 |
| 記憶 | Ｊｒ・ウォッチャー 21「お話作り」 | 1,650円 | 冊 | | 新 口頭試問・個別テスト問題集 | 2,750円 | 冊 |
| 運動 | Ｊｒ・ウォッチャー 28「運動」 | 1,650円 | 冊 | | 新 運動テスト問題集 | 2,420円 | 冊 |
| 行動観察 | Ｊｒ・ウォッチャー 29「行動観察」 | 1,650円 | 冊 | | 新 小学校受験の入試面接Q＆A | 2,860円 | 冊 |
| 行動観察 | Ｊｒ・ウォッチャー 30「生活習慣」 | 1,650円 | 冊 | | 口頭試問最強マニュアル　ペーパーレス編 | 2,200円 | 冊 |
| 言語 | Ｊｒ・ウォッチャー 49「しりとり」 | 1,650円 | 冊 | | 口頭試問最強マニュアル　生活体験編 | 2,200円 | 冊 |

| 合計 | 冊 | 円 |
|---|---|---|

| | |
|---|---|
| （フリガナ）<br>氏　名 | 電　話<br>ＦＡＸ<br>E-mail |
| 住 所 〒　　　－ | 以前にご注文されたことはございますか。<br>有　・　無 |

★お近くの書店、または記載の電話・FAX・ホームページにてご注文をお受けしております。
電話：03-5261-8951　FAX：03-5261-8953　代金は書籍合計金額＋送料がかかります。
※なお、落丁・乱丁以外の理由による商品の返品・交換には応じかねます。
★ご記入頂いた個人に関する情報は、当社にて厳重に管理致します。なお、ご購入の商品発送の他に、当社発行の書籍案内、書籍に関する調査に使用させて頂く場合がございますので、予めご了承ください。

日本学習図書株式会社
http://www.nichigaku.jp

家庭学習を
トータルサポート！ ニチガクの **オリジナル 効果的 学習法**

## 1 まずは アドバイスページを読む！

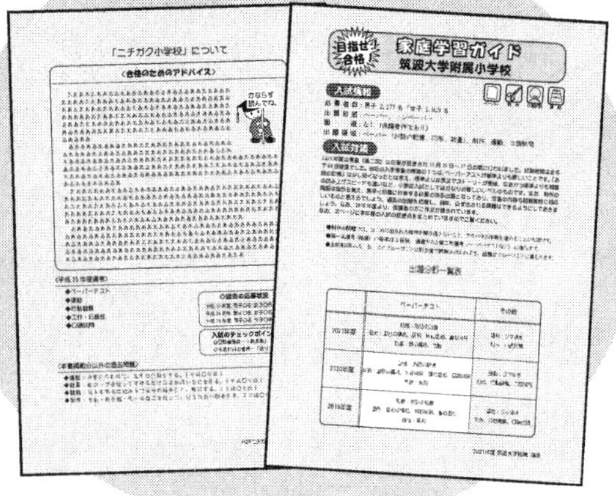


対策や試験ポイントがぎっしりつまった「家庭学習ガイド」。分野アイコンで、試験の傾向をおさえよう！

## 2 問題をすべて読み、出題傾向を把握する

## 3 「学習のポイント」で学校側の観点や問題の解説を熟読

## 4 はじめて過去問題にチャレンジ！

## 5 プラスα 対策問題集や類題で力を付ける

## 過去問のこだわり

**最新問題は問題ページ、イラストページ、解答・解説ページが独立しており、お子さまにすぐに取り掛かっていただける作りになっています。**
**ニチガクの学校別問題集ならではの、学習法を含めたアドバイスを利用して効率のよい家庭学習を進めてください。**

各問題のジャンル

**問題7** 分野：図形（図形の構成） Aグループ男子

〈解答〉 下図参照

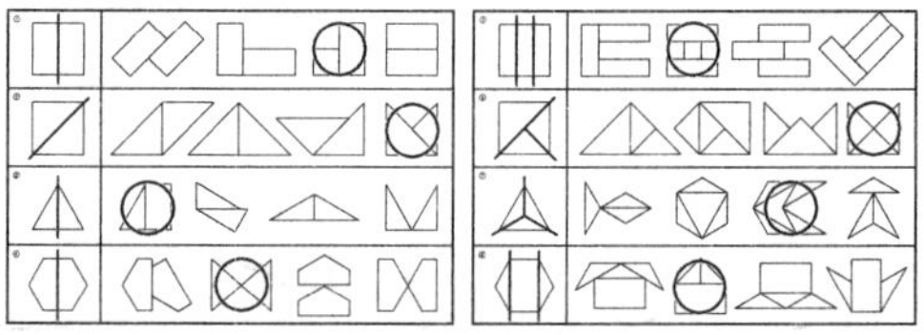

図形の構成の問題です。解答時間が圧倒的に短いので、直感的に答えないと全問答えることはできないでしょう。例年ほど難しい問題ではないので、ある程度準備をしたお子さまなら可能のはずです。注意すべきなのはケアレスミスで、「できないものはどれですか」と聞かれているのに、できるものに○をしたりしてはおしまいです。こういった問題では基礎とも言える問題なので、もしわからなかった場合は基礎問題を分野別の問題集などでおさらいしておきましょう。

【おすすめ問題集】
★筑波大附属小学校図形攻略問題集①②★（書店では販売しておりません）
Jr・ウォッチャー9「合成」、54「図形の構成」

### 学習のポイント

各問題の解説や学校の観点、指導のポイントなどを教えます。
今日から保護者の方が家庭学習の先生に！

### おすすめ対策問題集

分野ごとに対策問題集をご紹介。苦手分野の克服に最適です！
＊専用注文書付き。


2024年度版 東京学芸大学附属竹早小学校
過去問題集

発行日 2023年6月30日
発行所 〒162-0821 東京都新宿区津久戸町 3-11
TH1ビル飯田橋 9F 日本学習図書株式会社
電　話 03-5261-8951 ㈹




ISBN978-4-7761-5504-1

C6037 ¥2000E

定価2,200円
(本体2,000円+税10%)

9784776155041

1926037020004